Kochschule
Step by Step

Inhalt

6 So gelingt's garantiert
Basiszutaten für jede Küche

8 Das Küchen-Einmaleins
Schneller Erfolg am Herd

10 Salate
Anmachen jederzeit erlaubt

24 Suppen
Glück in kleinen Schalen

38 Kartoffeln
Kulinarische Allroundtalente

44 Gemüse
Gesunder Genuss querbeet

58 Pasta
Küchen-Lieblinge mit Biss

70 Reis
Körner in Hülle und Fülle

76 Fisch
Garantiert ein guter Fang

94 Fleisch
Die neue Lust auf Qualität

114 Desserts
Das Beste zum Schluss

128 Rezeptregister

So gelingt's garantiert
Basiszutaten für jede Küche

Kochen lernen ist kein Problem – vorausgesetzt, man hat die richtigen Rezepte! Dieses Buch hilft Küchenneulingen, am Herd schnelle Erfolge zu feiern. Keine Ahnung, wie man eine gute Pastasauce zubereitet, ein Schnitzel paniert, einen Pfannkuchen backt oder ruck, zuck eine Vinaigrette rührt? Hier gibt es die besten Antworten, und zwar mit ausführlichen Rezeptanleitungen und vielen Fotos, die Step by Step alle wichtigen Handgriffe zeigen. So gibt es garantiert keine Pannen, auch wenn man noch nie zuvor einen Kochlöffel in der Hand hatte. Wer clever kochen will, sollte auch clever haushalten. Ein kleiner Vorrat an Grundzutaten reicht meist für die ersten Kochaktionen. Je nach Rezept muss man dann nur noch frische Zutaten wie Salat, Fisch oder Fleisch besorgen. Aber neben Basics wie Nudeln, Reis oder Tomaten gibt es auch ein paar Specials, die das Kochen einfach schöner machen. Schaut man den Profis über die Schulter, erkennt man das Geheimnis: ein Spritzer Zitronensaft hier, ein Esslöffel Sojasauce dort, ein paar frische Kräuter – und schon schmeckt alles einen Tick raffinierter und sieht auch noch besser aus. Alles ganz simpel, wenn man weiß, wie's geht!

KRÄUTER (links) dürfen in keiner Küche fehlen. Sie sorgen geschmacklich für einen Aroma-Kick, fördern den Appetit und machen viele Speisen leichter verdaulich.

1 **TOMATEN** sind hierzulande das meistverzehrte Gemüse und leisten nicht nur als Basis für viele Saucen gute (Küchen-)Dienste. Wichtig: Tomaten sollte man nie im Kühlschrank aufbewahren, da die Kälte ihrem Aroma schadet.

2 **ZWIEBEL UND KNOBLAUCH** gelten zurecht als das perfekte Würz-Dreamteam, ohne ihr Aroma wären viele Gerichte langweilig. Beide sind außerdem für ihre antibakterielle Wirkung bekannt. Zu langes Braten mögen sie nicht, dann werden sie bitter.

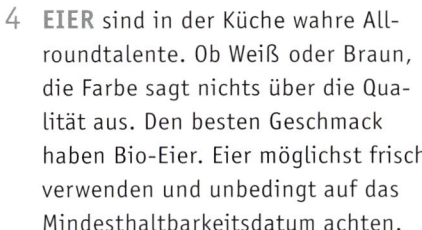

3 **ESSIGE UND ÖLE** sollten von guter Qualität sein – hier zu sparen lohnt sich nicht! Nur so kann man von dem aromatischen Geschmack und den gesunden Inhaltsstoffen von Olivenöl, Rapsöl und Co. profitieren.

4 **EIER** sind in der Küche wahre Allroundtalente. Ob Weiß oder Braun, die Farbe sagt nichts über die Qualität aus. Den besten Geschmack haben Bio-Eier. Eier möglichst frisch verwenden und unbedingt auf das Mindesthaltbarkeitsdatum achten.

5 **ZITRONEN** bringen mit ihrem Saft und ihrer Schale Frische in viele Gerichte. Verwendet man die Schale, sollte man unbehandelte Früchte kaufen und diese heiß abwaschen.

6 **KARTOFFELN** werden nach Erntezeit und Kocheigenschaften unterschieden. Für Püree und Knödel sind z. B. mehlig kochende, für Salat und Bratkartoffeln festkochende Sorten ideal.

7 **NUDELN** zählen zu den Basics, die einfach unentbehrlich sind. Warum? Getrocknete Nudeln sind fast unbegrenzt haltbar, und meist reichen wenige (frische) Zutaten, um im Nu eine herrliche Sauce dazu zu zaubern.

BRÜHE liefert mit ihrem Aroma die beste Basis für viele Gerichte. Hühner-, Gemüse-, Fleischbrühe oder Fischfond schmecken selbst gemacht am besten. Man kann sich aber auch gut mit Fertigprodukten behelfen (ohne Geschmacksverstärker).

GEWÜRZE sind nicht nur für experimentierfreudige Köche ein Muss. Neben den Klassikern Salz, Pfeffer und Paprikapulver spielen in der Aromaküche Exoten wie Curry- und Chilipulver oder Cumin eine immer größere Rolle.

KÄSE gibt es in unzähligen Varianten: als Frisch-, Weich- oder Hartkäse, aus Kuh-, Ziegen- oder Schafsmilch, mit Weiß-, Rot- oder Blauschimmelkulturen versetzt. Je nach Sorte eignet er sich zum Überbacken, als Vorspeise oder Dessert.

KONSERVEN wie geschälte Tomaten, Kichererbsen oder Thunfisch gehören in jeden Küchenvorrat – und sind manchmal auch die Retter in der Not, wenn's mal schnell gehen soll.

SAHNE macht Saucen zu Lieblingssaucen und darf in vielen Desserts nicht fehlen. Um mitgekocht zu werden, sollte sie mindestens 30 % Fettanteil haben.

SCHOKOLADE gibt Süßem Farbe und den typischen Geschmack. Beim Backen wird Kuvertüre der Schokolade vorgezogen – durch ihren höheren Fettanteil schmilzt sie leichter.

Das Küchen-Einmaleins
Schneller Erfolg am Herd

Für die ersten Versuche am Herd braucht man keine Profiausstattung! Es reicht ein kleines, aber feines Team an soliden Küchenhelfern, das man dann nach Belieben aufstocken kann. Zwei verschiedene Töpfe sind Pflicht, ein dritter von Vorteil: einen kleinen für Saucen, einen mittelgroßen für Suppen, Gemüse, Nudeln und zum Schmoren. Nummer drei sollte extragroß sein, um auch viele Gäste mit Pasta oder Chili con Carne verwöhnen zu können. Zum Braten reichen zwei (am besten antihaftbeschichtete) Pfannen: eine kleine fürs schnelle Spiegelei, eine große mit hohem Rand für Fleisch und zum Pfannenrühren. Als Zusatzutensilien benötigt man einen Pfannenwender und einen Kochlöffel, einen Schneebesen zum Rühren, eine Schöpfkelle und einen Schaumlöffel, um Knödel oder Spätzle aus dem Topf zu heben. Ein Küchenbrett und zwei gute Küchenmesser in unterschiedlichen Größen ergänzen die Starter-Ausstattung ebenso wie ein Sparschäler, eine Zitruspresse und eine Gemüsereibe. Nicht zu vergessen ein Sieb sowie ein Messbecher und eine Küchenwaage: Wenn man alles in Ruhe abwiegt und bereitstellt, kommt später am Herd keine Hektik auf. Den Küchenalltag erleichtern auch eine Knoblauchpresse und ein Stabmixer, mit dem man Saucen und Suppen direkt im Topf pürieren kann. Oder man leistet sich ein elektrisches Handrührgerät. Und wer gern asiatisch isst und knackiges Gemüse liebt, sollte über die Anschaffung eines Woks nachdenken.

Garmethoden – was wie gekocht wird

Gedünstet werden Gemüse, Fleisch und Fisch im eigenen Saft. Gelingt auch im Römertopf, in Aluminium- oder Pergamentpäckchen.

Beim Braten entstehen aromatische Röststoffe. Damit Fleisch oder Fisch zart wird, zunächst scharf anbraten und dann bei mittlerer Hitze schonend fertig braten.

Beim Blanchieren wird Gemüse nur kurz in kochendem (Salz-)Wasser gegart und dann sofort mit (eis-)kaltem Wasser abgeschreckt: Das erhält Biss und Farbe.

Beim Schmoren im Ofen muss das Fleisch unbedingt regelmäßig mit der Bratenflüssigkeit begossen werden, damit es vor dem Austrocknen geschützt ist.

Beim Dämpfen im Bastkorb, Metallsiebeinsatz oder Schnellkochtopf garen Gemüse und Fisch besonders aroma- und vitaminschonend.

Grillen kann man auf Holzkohle, dem Elektrogrill, in der Grillpfanne oder im Backofen. Rösten bringt Geschmack, und das nahezu fettfrei.

Rund um die Rezepte

Kochen soll Spaß machen, das Lesen der Rezepte natürlich auch! Deshalb sind die Rezeptseiten in diesem Buch besonders verständlich aufgebaut. In der Zutatenliste ist genau aufgeführt, was man in welcher Menge braucht – die Reihenfolge ist nicht willkürlich, sondern richtet sich danach, wie die Zutaten im Rezept verarbeitet werden. Ein Blick auf die Zeitangaben genügt, und man weiß, wie lange man in der Küche stehen muss. Wichtig: Unter »Vorbereitung« ist all das aufgelistet, was man erledigen muss, bevor's richtig losgeht. Dann geht es Step by Step zur Sache: Nun wird jeder Handgriff mit Fotos und Texten so ausführlich erklärt, dass garantiert nichts schiefgehen kann. Gekocht wird generell bei mittlerer Hitze, und was in den Ofen soll, landet auf der mittleren Schiene!

Sauce béchamel – die helle Grundsauce

1 In einem Topf 50 g Butter bei mittlerer Hitze zerlassen.

3 Nach und nach ½ l Milch hinzufügen und unterrühren, es sollen keine Klümpchen entstehen.

2 50 g Mehl dazugeben und unter ständigem Rühren in der Butter hell anschwitzen.

4 Die Sauce mit Salz, Pfeffer und Muskatnuss würzen und bei kleiner Hitze etwa 10 Minuten köcheln lassen.

Salzkartoffeln – die beliebteste Beilage

1 Die Kartoffeln schälen (am besten mit einem Sparschäler) und kurz waschen, aber nicht im Wasser liegen lassen.

3 Die Kartoffeln zugedeckt bei mittlerer Hitze garen. Nach etwa 20 Minuten mit einer Gabel prüfen, ob die Kartoffeln weich sind.

2 Die Kartoffeln in einen Topf geben und so viel Wasser angießen, dass sie nicht ganz bedeckt sind. Kräftig salzen und zum Kochen bringen.

4 Das Wasser abgießen und die Kartoffeln kurz ausdampfen lassen. Nach Belieben mit gehackter Petersilie bestreuen oder mit etwas Butter verfeinern.

Salate
Anmachen jederzeit erlaubt

Salate kommen nie aus der Mode. Was früher im kleinen Schüsselchen zum Essen gereicht wurde, hat längst den ganzen Teller erobert. Und auch das, was man einst unter Salat verstand – nämlich heimischer Kopfsalat, kombiniert mit Radieschen oder Möhren aus dem Garten –, ist überholt. Wer kannte vor 20 Jahren schon Rucola, oder auf welcher Speisekarte stand damals Caesar Salad? Heute kennt die Fantasie in der Salatküche keine Grenzen, man kann aus einem überbordenden Angebot an internationalen Produkten wählen und diese kreativ und farbenfroh in Szene setzen. Nicht nur, wer sein Kalorienkonto überzogen hat, weiß einen knackigen Vitaminschub zu schätzen. Salate passen immer, ob als frische Beilage, kleiner Imbiss, gesunder Sattmacher oder Party-Hit. Die Zubereitung ist auch für Anfänger kein Problem, wichtig sind vor allem frische Zutaten: Welke Blätter, weiche Salatgurken oder schrumpelige Möhren sollte man unbedingt links liegen lassen, denn hier fehlt's nicht nur an Geschmack und Biss, sondern auch an Vitaminen. Fürs Dressing gilt: Am besten hochwertige Pflanzenöle wie Sonnenblumen-, Distel- oder Olivenöl verwenden, denn sie enthalten lebensnotwendige Fettsäuren und machen den Salat erst so richtig gesund.

Blattsalate – frisch herausgeputzt

Frische Salate stecken voller Vitamine, bioaktiver Substanzen, Mineral- und Ballaststoffe. Aber Achtung: Diese wertvollen Inhaltsstoffe gehen verloren, wenn man den Salat zu lange im Wasser liegen lässt! Deshalb sollte man Salate immer nur kurz, aber gründlich waschen. Um das Dressing nicht zu verwässern, trocknet man die Blätter am besten in einer Salatschleuder. Als wichtige Regel gilt außerdem: Die Salatblätter immer erst direkt vor dem Servieren mit der Marinade mischen, sonst liegen sie welk und unansehnlich in der Schüssel. Nudelsalate brauchen dagegen eine gewisse Zeit zum Durchziehen.

1 Bei Blattsalaten die Blätter vom Strunk ablösen, welke Stellen und die Rippenansätze entfernen.

2 Die Blätter in einer großen Schüssel in reichlich kaltem Wasser rasch, aber sorgfältig waschen.

3 Die Salatblätter in einer Salatschleuder trocken schleudern und in mundgerechte Stücke zupfen.

1 Vom Feldsalat die kleinen Wurzeln so abschneiden, dass die Blätter noch zusammenhalten.

2 Den Salat mehrmals in kaltem Wasser waschen (das Wasser mehrfach erneuern), bis er sauber ist.

3 Den Feldsalat trocken schleudern bzw. auf einem Sieb oder auf Küchenpapier abtropfen lassen.

Vinaigrette – der anpassungsfähige Begleiter

Warum die Vinaigrette so beliebt ist? Sie ist einfach zu machen, passt zu allen Blattsalaten und schmeckt immer wieder anders! Dazu kann man z. B. eine der Grundzutaten austauschen oder einfach frische Kräuter ergänzen.

Das braucht man:
1/2 TL Dijon-Senf
Salz · Pfeffer
2 EL Essig · 5 EL Öl

1 In einer kleinen Schüssel Senf, Salz, Pfeffer und Essig mit dem Schneebesen so lange verrühren, bis sich das Salz vollständig aufgelöst hat.

2 Nach und nach das Öl dazugeben und so lange weiterrühren, bis sich die Zutaten zu einer cremigen Sauce verbunden haben.

3 Als raffinierte Variante z. B. zusätzlich 1 TL flüssigen Honig und 1 TL Aceto balsamico unter die Vinaigrette rühren.

Joghurtsauce – der cremige Verführer

Wer die leichte Küche liebt, für den sind Dressings aus Milchprodukten ideal. Und wer nicht auf die schlanke Linie achtet, greift zu Sahnejoghurt oder Crème fraîche.

Das braucht man:
150 g Naturjoghurt (oder Sauerrahm) · Salz · Pfeffer
1/2 TL Dijon-Senf
2–3 EL Zitronensaft · 2 EL Öl
2 EL gehackte Kräuter

1 Den Joghurt oder Sauerrahm in einer kleinen Schüssel mit Salz, Pfeffer und Senf gründlich verrühren. Mit Zitronensaft abschmecken.

2 Das Öl dazugeben und so lange weiterrühren, bis eine glatte, cremige Sauce entsteht. Zuletzt die Kräuter (z. B. Zitronenmelisse) unterrühren.

3 Als exotische Variante anstatt der Kräuter 1 TL geriebenen Ingwer und 1 TL Currypulver unter das Dressing rühren.

Toppings – dekorativ, würzig, mit Biss

Sie geben Blattsalaten den letzten Pfiff: knackige Kerne oder selbst gemachte knusprige Croûtons, die geschmacklich einen interessanten Kontrast zum Salat bilden. Oder einfach nur Blüten, die zum Essen beinahe schon zu schön sind.

1 Wenn das Auge mitessen soll, sind Thymian-, Gänseblümchen- oder Kapuzinerkresseblüten die ideale Deko für Blattsalate.

2 Für Croûtons Toastbrotscheiben entrinden, in Würfel schneiden und in 1 EL Butter goldbraun braten. Wer's würzig mag, gibt 1 Knoblauchzehe dazu.

3 Pinienkerne kann man in einer beschichteten Pfanne ohne Fett goldgelb rösten. Das gilt auch für Sesamsamen, Walnuss- oder Sonnenblumenkerne.

Rucolasalat
mit Entenbrust

Zutaten

250 g Cocktailtomaten
40 g Parmesan (am Stück)
1 Entenbrustfilet (400 g)
Salz · Pfeffer
4 Bund Rucola (à 60 g)
3 EL Aceto balsamico
3 EL Olivenöl
1 Knoblauchzehe
Zucker

Vorbereitung

Cocktailtomaten waschen und halbieren.

Den Parmesan mit dem Sparschäler in Späne hobeln.

Zubereitung FÜR 4 PERSONEN

1 Die Entenbrust waschen und trocken tupfen, die weiße Haut rautenförmig einschneiden.

2 Die Entenbrust auf beiden Seiten mit Salz und Pfeffer würzen.

3 Eine Pfanne ohne Fett heiß werden lassen und die Entenbrust auf der Hautseite hineinlegen.

4 Die Entenbrust bei mittlerer Hitze 15 Minuten braten, dann wenden und weitere 5 Minuten braten.

5 Den Rucola waschen und trocken schleudern, grobe Stiele entfernen.

6 Den Essig und das Öl mit 1 EL ausgetretenem Entenfett verrühren.

7 Den Knoblauch schälen und dazupressen. Die Marinade mit Salz, Pfeffer und 1 Prise Zucker würzen.

8 Die Entenbrust schräg in Scheiben schneiden.

9 Fleisch, Tomaten und Rucola auf Teller verteilen, Marinade und Parmesanspäne darübergeben.

Vorbereitung: 5 Minuten
Zubereitung: 30 Minuten
Nährwerte pro Person:
360 kcal, 1500 kJ,
23 g EW, 28 g F, 4 g KH

Tipp

Für ein feines Nussaroma kann man die Marinade mit Kürbiskern- statt Olivenöl anrühren und den Salat mit gerösteten Kürbiskernen bestreuen.

Feldsalat
mit würzigen Käseecken

Zutaten

150 g Feldsalat
1 TL Dijon-Senf
Salz · Pfeffer
Zucker
3 EL Olivenöl
1 EL Apfelessig
2 EL Orangensaft
1 großer rotschaliger Apfel (z. B. Braeburn)
200 g Champignons
40 g Walnusskerne
3 Scheiben Schwarzbrot
75 g Gorgonzola

Vorbereitung

Den Feldsalat putzen, gründlich waschen und trocken schleudern.

Zubereitung FÜR 4 PERSONEN

1 Für die Vinaigrette den Senf mit Salz, Pfeffer und 1 Prise Zucker verrühren.

2 Dann nach und nach das Öl unterschlagen. Zuletzt den Essig und den Orangensaft unterrühren.

3 Den Apfel waschen, vierteln, entkernen und längs in Spalten schneiden.

4 Die Champignons putzen, vorsichtig mit Küchenpapier abreiben und in Scheiben schneiden.

5 Salat, Apfelspalten und Pilze auf Teller oder Schälchen verteilen und mit der Vinaigrette beträufeln.

6 Den Salat mit den Walnüssen bestreuen. Den Backofengrill einschalten.

7 Die Schwarzbrotscheiben entrinden, diagonal vierteln und auf ein Backblech geben.

8 Den Gorgonzola entrinden, in Stücke schneiden und auf die Brotecken verteilen.

9 Die Käsecroûtons etwa 2 Minuten im Ofen grillen und warm auf dem Salat anrichten.

Vorbereitung: 5 Minuten
Zubereitung: 20 Minuten
Nährwerte pro Person:
230 kcal, 960 kJ,
7 g EW, 14 g F, 18 g KH

Tipp

Besonders fein schmecken die Walnusskerne, wenn man sie kurz in einer beschichteten Pfanne ohne Fett anröstet: So entfalten sie ihr Aroma am besten!

Caesar Salad
mit knusprigen Croûtons

Zutaten

1 Kopf Romanasalat
50 g Parmesan (am Stück)
1 EL Salatmayonnaise (50 % Fett)
2 TL Dijon-Senf
3 EL Weißweinessig
7 EL Olivenöl
3 Sardellenfilets (in Öl)
2 Knoblauchzehen
Salz · Pfeffer
4 Scheiben Toastbrot

Vorbereitung

Den Romanasalat putzen, waschen und trocken schleudern. Die Blätter in mundgerechte Stücke zupfen oder schneiden.

Den Parmesan reiben.

Zubereitung FÜR 4 PERSONEN

1 Für die Marinade in einer kleinen Schüssel Mayonnaise, Senf und Essig verrühren.

2 Nach und nach 4 EL Öl unterschlagen. Die Sardellenfilets hacken und dazugeben.

3 Den Knoblauch schälen und 1 Zehe dazupressen. Die Marinade mit Salz und Pfeffer abschmecken.

4 Den Salat in einer großen Schüssel mit der Marinade und der Hälfte des geriebenen Käses mischen.

5 Die Toastbrotscheiben entrinden, diagonal achteln oder in kleine Rauten schneiden.

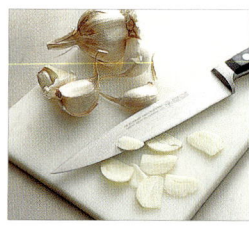

6 Die übrige Knoblauchzehe in feine Scheiben schneiden.

7 Das restliche Öl in einer Pfanne bei mittlerer Hitze erwärmen.

8 Die Knoblauchscheiben im heißen Öl unter Rühren goldgelb braten und herausnehmen.

9 Die Croûtons im Öl braten, mit dem restlichen Käse und dem Knoblauch über den Salat streuen.

Vorbereitung: 5 Minuten
Zubereitung: 20 Minuten
Nährwerte pro Person:
303 kcal, 1268 kJ,
8 g EW, 24 g F, 13 g KH

Tipp

Noch reichhaltiger wird der Salat, wenn Sie zusätzlich kross gebratene Hähnchenbruststreifen oder Speckwürfel darauf anrichten.

Insalata caprese
mit Basilikum

Zutaten

600 g Strauchtomaten
2 Kugeln Mozzarella
(à 125 g)
1 Bund Basilikum
6 EL Olivenöl
½ EL Zitronensaft
Salz
1 Knoblauchzehe
Pfeffer

Vorbereitung

Die Tomaten waschen und trocken reiben.

Zubereitung FÜR 4 PERSONEN

1 Den Mozzarella auf einem Sieb abtropfen lassen.

2 Das Basilikum waschen, trocken schütteln und die Blätter abzupfen.

3 Die Tomaten in dünne Scheiben schneiden, dabei die Stielansätze entfernen.

4 Den Mozzarella in dünne Scheiben schneiden.

5 Tomaten und Mozzarella auf einer Platte oder portionsweise auf Tellern dachziegelartig anrichten.

6 Die Basilikumblätter abzupfen und dazwischenstecken.

7 Das Öl in einer kleinen Schüssel mit dem Zitronensaft verrühren, die Marinade mit Salz würzen.

8 Den Knoblauch schälen und durch die Presse dazudrücken.

9 Die Marinade über den Salat träufeln und Pfeffer grob darübermahlen.

Vorbereitung: 5 Minuten
Zubereitung: 20 Minuten
Nährwerte pro Person:
310 kcal, 1305 kJ,
14 g EW, 25 g F, 6 g KH

Tipp

Für mehr Farbe und Geschmack 1 Avocado schälen, in Spalten schneiden und im Wechsel mit den Tomaten- und Mozzarellascheiben anrichten.

Nudelsalat
mit Schafskäse und Oliven

Zutaten

je 60 g schwarze und grüne Oliven

75 g eingelegte Peperoni

350 g Penne · Salz

5 EL Olivenöl

3 EL Orangensaft

3 EL Weißweinessig

2 Knoblauchzehen

2 Sardellenfilets (in Öl)

Pfeffer

1 Msp. Cumin

200 g Feta (Schafskäse)

1 rote Paprikaschote

3 EL gehackte Petersilie

Vorbereitung

Schwarze und grüne Oliven abtropfen lassen.

Die Peperoni ebenfalls abtropfen lassen.

Zubereitung FÜR 4 PERSONEN

1 Die Penne in reichlich kochendem Salzwasser nach Packungsanweisung bissfest garen.

2 Inzwischen für die Marinade Öl, Orangensaft und Essig in einer kleinen Schüssel verrühren.

3 Den Knoblauch schälen und durch die Presse dazudrücken.

4 Die Sardellenfilets und 1 Peperoni hacken und unter die Marinade rühren.

5 Die Marinade kräftig mit Salz, Pfeffer und Cumin abschmecken.

6 Den Feta in kleine Würfel schneiden oder grob zerbröckeln.

7 Die Paprikaschote längs halbieren, entkernen, waschen und in kleine Würfel schneiden.

8 Die Penne abgießen, abtropfen lassen und noch heiß in einer Schüssel mit der Marinade mischen.

9 Feta, Paprika, Oliven und Peperoni untermischen. Mit der gehackten Petersilie bestreuen.

Vorbereitung: 5 Minuten
Zubereitung: 20 Minuten
Nährwerte pro Person:
580 kcal, 2400 kJ,
20 g EW, 27 g F, 63 g KH

Tipp

Nudelsalate sollten Sie am besten 1 bis 2 Stunden durchziehen lassen und vor dem Servieren unbedingt noch einmal abschmecken.

Kartoffelsalat
mit Hackbällchen

Zutaten

900 g festkochende Kartoffeln · 3 Tomaten

2 Gewürzgurken

1 Brötchen (vom Vortag)

6 EL Milch · 4 EL Öl

5 EL Orangensaft

2 EL Zitronensaft · Salz

50 g Salatmayonnaise

120 g Naturjoghurt

2 TL Dijon-Senf

4 EL Gewürzgurkensud

Pfeffer · Cayennepfeffer

je 2 EL gehackte Petersilie und Schnittlauch

500 g Rinderhackfleisch

3 EL Zwiebelwürfel

1 Ei · 1 Knoblauchzehe

1 Msp. Cumin

Vorbereitung

Die Kartoffeln waschen und in kochendem Wasser 20 Minuten garen.

Die Tomaten waschen, halbieren, entkernen und in Spalten schneiden.

Die Gewürzgurken in kleine Würfel schneiden.

Vorbereitung: 25 Minuten
Zubereitung: 50 Minuten
Nährwerte pro Person:
415 kcal, 1750 kJ,
11 g EW, 20 g F, 46 g KH

Zubereitung FÜR 4 PERSONEN

1 Das Brötchen in Stücke schneiden, mit der Milch beträufeln und einweichen.

2 Die Kartoffeln abgießen, pellen, etwas abkühlen lassen und in 1/2 cm dicke Scheiben schneiden.

3 Die Kartoffeln mit 1 EL Öl, je 2 EL Orangen- und Zitronensaft und etwas Salz vorsichtig mischen.

4 Mayonnaise, Joghurt, Senf, Gewürzgurkensud und den restlichen Orangensaft verrühren.

5 Die Gewürzgurkenwürfel unterrühren und das Dressing mit Salz, Pfeffer und Cayennepfeffer würzen.

6 Kartoffeln, Tomaten, Petersilie und Schnittlauch mit dem Dressing mischen.

7 Hackfleisch, Zwiebel, Ei und durchgepressten geschälten Knoblauch mit dem Brötchen verkneten.

8 Die Hackmasse mit Salz, Pfeffer und Cumin würzen. Mit angefeuchteten Händen 12 Bällchen formen.

9 Die Bällchen in 3 EL Öl anbraten. Bei kleiner Hitze 10 Minuten fertig garen, dabei öfter wenden.

Tipp

Hackfleisch sollten Sie noch am Einkaufstag verarbeiten oder einfrieren. Wegen der Salmonellengefahr Hände und Küchengeräte gründlich reinigen!

Suppen
Glück in kleinen Schalen

Kaum ein Gericht ist rund um den Globus so populär wie Suppen. In Asien geht die Suppenliebe sogar so weit, dass die aromatischen Magenwärmer bereits zum Frühstück serviert werden. Warum Suppen so beliebt sind, liegt auf der Hand, denn nirgendwo geht es bunter zu als im Suppentopf: Man kann (fast) alles hineinstecken – und immer werden Lieblingsgerichte daraus. Suppen gibt es für jede Jahreszeit und jede Gelegenheit, sie sind leicht zu kochen und eine echte Wohltat für Körper und Seele: Eine heiße Suppe kann wahre Wunder wirken – schon nach wenigen Löffeln sieht die Welt viel freundlicher aus.

Suppen regen als Vorspeise den Appetit an, können aber z. B. als Eintopf durchaus auch eine komplette Mahlzeit ersetzen. Klaren Brühen geben Gemüse, Kräuter, Fisch, Fleisch und Knochen Geschmack: Je besser die Qualität dieser Zutaten ist und je länger sie ausgekocht werden, desto aromatischer ist das Ergebnis. Gut Ding will also Weile haben, dafür ist der tatsächliche Arbeitsaufwand in der Küche relativ gering. Auch bei Eintöpfen ist die lange Garzeit eines der Erfolgsgeheimnisse, einige schmecken sogar aufgewärmt noch besser. Nur feinen Gemüsesuppen und zarten Einlagen bekommt langes Kochen oder Aufwärmen gar nicht gut.

Das i-Tüpfelchen der klaren Suppe

Wer sich die Zeit nimmt, eine Fleisch-, Gemüse- oder Hühnerbrühe selbst zu machen, bereitet am besten gleich eine größere Menge zu. Zum Aufbewahren füllt man die Brühe noch heiß in saubere (ausgekochte) Gläser. Dann verschließt man die Gläser, lässt die Brühe abkühlen und stellt die Gläser in den Kühlschrank. Alternativ kann man die Brühe auch gut portionsweise einfrieren. Zugegeben: Solo serviert, sind klare Brühen eher langweilig, aber sie lassen sich leicht mit raffinierten Einlagen aufpeppen (siehe rechts). Das schmeckt nicht nur besser, sondern sieht auch edel aus!

GRIESSNOCKEN
3 EL weiche Butter mit dem Schneebesen schaumig rühren, nach und nach 60 g Hartweizengrieß und 1 Ei unterrühren. Den Teig mit Salz und Muskatnuss kräftig würzen und 30 Minuten quellen lassen. Aus dem Teig mithilfe von zwei angefeuchteten Teelöffeln gleichmäßige Nocken abstechen, in die leicht kochende Brühe geben und etwa 15 Minuten ziehen lassen.

FLÄDLE
150 g (Vollkorn-)Mehl, 2 Eier, 200 ml Milch und 1 Prise Salz verrühren und 15 Minuten ruhen lassen. Aus dem Teig in einer beschichteten Pfanne portionsweise in etwas Butter Pfannkuchen backen. Die Pfannkuchen abkühlen lassen, aufrollen und in feine Streifen schneiden. Die Flädle auf Suppenteller oder -tassen verteilen und mit heißer Brühe übergießen.

GEFLÜGELKLÖSSCHEN
150 g gut gekühltes Hähnchenbrustfilet im Blitzhacker fein pürieren. 1 Ei, 3 EL Sahne, 2 EL fein gehackte Kräuter und etwas abgeriebene unbehandelte Zitronenschale unterrühren. Die Hähnchenmasse mit Salz und Pfeffer kräftig würzen und mit angefeuchteten Händen zu kleinen Kugeln formen. Die Klößchen in Hühnerbrühe bei kleiner Hitze 10 Minuten ziehen lassen.

Gemüsebrühe – der Allrounder der Suppenküche

Eine Gemüsebrühe leistet nicht nur als Magenwärmer gute Dienste. Kocht man sie zu einem Fond ein, hat man die beste Basis für Saucen, Eintöpfe und vieles mehr.

Das braucht man:
800 g gemischtes Gemüse
(z. B. Lauch, Sellerie, Möhren, Zwiebeln, Wirsing)
Kräuter nach Wahl
2 EL Öl · Salz · Pfeffer

1 Das Gemüse putzen und waschen bzw. schälen. Die Kräuter waschen und trocken schütteln. Alles in kleine Stücke schneiden.

2 Die Gemüsewürfel im heißen Öl nach und nach andünsten, aber nicht bräunen. 2 l Wasser hinzufügen, die Kräuter dazugeben, mit Salz würzen.

3 Die Suppe zugedeckt 1 Stunde köcheln lassen. Durch ein Sieb gießen, nicht ausdrücken, damit die Brühe klar bleibt. Mit Salz und Pfeffer würzen.

Hühnerbrühe – die Basis für alles Gute

In der asiatischen und mediterranen Küche hat Hühnerbrühe schon immer als »die« Suppe gegolten. Auch bei uns ist sie jetzt auf dem besten Weg, Fleischbrühe und Kalbsfond den Rang abzulaufen.

Das braucht man:
1 Suppenhuhn (ca. 1,8 kg)
1 Bund Suppengrün
1 Zwiebel
Salz · Pfeffer

1 Das gesäuberte und gewaschene Suppenhuhn mit 3 l Wasser in einen Topf geben und bei großer Hitze zum Kochen bringen. Dann die Hitze reduzieren.

2 Das Suppengrün putzen, waschen und klein schneiden. Mit der ganzen Zwiebel dazugeben, mit Salz und Pfeffer würzen. Zugedeckt 2 bis 2 1/2 Stunden köcheln lassen.

3 Das Huhn herausnehmen, die Brühe durch ein mit einem Mulltuch ausgelegtes Haarsieb abgießen. Die Brühe erkalten lassen und das fest gewordene Fett entfernen.

Pürierte Gemüsesuppe – der samtige Genuss

Einfacher geht's nicht: Gemüse nach Saison oder Gusto in Brühe weich kochen, pürieren und nach Belieben mit etwas Sahne binden.

Das braucht man:
500 g Gemüse nach Wahl
2 EL Öl
Salz · Pfeffer
3/4 l Gemüse- oder Fleischbrühe

1 Die vorbereiteten Gemüsewürfel im heißen Öl andünsten. Salzen, pfeffern und die Hälfte der Brühe dazugießen, 20 Minuten zugedeckt kochen lassen.

2 Das Gemüse in der Brühe mit dem Stabmixer pürieren oder durch die Flotte Lotte drehen. Die restliche Brühe dazugeben und erneut aufkochen.

3 Die Suppe eventuell noch durch ein Haarsieb streichen. Abschmecken und nach Belieben mit 3 EL Sahne und gehackten Kräutern verfeinern.

Tomatensuppe
mit buntem Gemüse

Zutaten

160 g festkochende Kartoffeln
½ Kohlrabi (ca. 140 g)
1 Zwiebel
1 Knoblauchzehe
100 g grüne Bohnen
1 Möhre
1 EL Öl
1–2 EL Weißweinessig
2 EL Tomatenmark
1 kleine Dose geschälte Tomaten (240 g Abtropfgewicht)
450 ml Gemüsebrühe
Salz · Pfeffer
2 Msp. Cumin · Zucker

Vorbereitung

Die Kartoffeln und den Kohlrabi schälen.

Die Zwiebel schälen, längs halbieren und quer in feine Streifen schneiden.

Den Knoblauch schälen.

Vorbereitung: 5 Minuten
Zubereitung: 30 Minuten
Nährwerte pro Person:
120 kcal, 490 kJ,
4 g EW, 5 g F, 14 g KH

Zubereitung FÜR 4 PERSONEN

1 Die Bohnen putzen und schräg in mundgerechte Stücke schneiden.

2 Die Bohnen in kochendem Wasser etwa 3 Minuten blanchieren. Abgießen und abtropfen lassen.

3 Die Möhre schälen, längs halbieren und in Scheiben schneiden.

4 Die geschälten Kartoffeln in Würfel, den Kohlrabi in Stifte schneiden.

5 Das Öl in einem Topf erhitzen und die Zwiebel darin andünsten. Den Knoblauch dazupressen.

6 Möhre, Kartoffeln und Kohlrabi hinzufügen. Essig und Tomatenmark unterrühren und andünsten.

7 Die Dosentomaten samt Saft angießen und mit einem Kochlöffel leicht zerdrücken.

8 Die Brühe hinzufügen. Die Suppe mit Salz, Pfeffer, Cumin und 1 Prise Zucker würzen.

9 Die Bohnen dazugeben und alles etwa 8 Minuten köcheln lassen, das Gemüse sollte noch Biss haben.

Tipp

Einen mediterranen Touch bekommt die Tomatensuppe, wenn man sie mit grob gehobeltem Parmesan und Basilikumblättern garniert.

Kürbissuppe
mit Ingwer und Chili

Zutaten

500 g Muskatkürbis
1 weiße Zwiebel
15 g Ingwer
1 EL Öl
1 EL brauner Zucker
150 ml trockener Weißwein
½ l Gemüsebrühe
1 TL Chilipulver
Salz · Pfeffer
einige Korianderstiele
1 EL Crème fraîche
3 EL Orangensaft

Vorbereitung

Den Kürbis schälen und die Kerne mit einem Löffel entfernen. Das Kürbisfruchtfleisch in Würfel schneiden.

Zwiebel und Ingwer schälen und hacken.

Zubereitung FÜR 4 PERSONEN

1 Das Öl in einem Topf erhitzen, Zwiebel und Ingwer darin unter Rühren etwa 1 Minute andünsten.

2 Das Kürbisfleisch hinzufügen und ebenfalls etwa 1 Minute andünsten.

3 Den Zucker darüberstreuen und unter Rühren schmelzen lassen. Mit dem Wein ablöschen.

4 Die Brühe angießen, mit Chili, Salz und Pfeffer würzen. Den Kürbis zugedeckt 15 Minuten weich garen.

5 Inzwischen den Koriander waschen, mit Küchenpapier trocken tupfen und die Blätter abzupfen.

6 Die Suppe mit dem Stabmixer fein pürieren.

7 Die Crème fraîche und den Orangensaft unter die Kürbissuppe rühren.

8 Die Suppe nochmals mit dem Stabmixer aufschäumen und abschmecken.

9 Die Kürbissuppe zum Servieren mit den Korianderblättern bestreuen.

Vorbereitung: 10 Minuten
Zubereitung: 10 Minuten
Nährwerte pro Person:
110 kcal, 465 kJ,
2 g EW, 4 g F, 9 g KH

Tipp

Hebt man 50 g geschlagene Sahne unter, wird die Suppe noch cremiger. Sie darf aber nicht mehr kochen, da sich die Sahne sonst verflüssigt.

Kartoffelsuppe
mit Graved Lachs

Zutaten

500 g mehlig kochende Kartoffeln
80 g Graved Lachs (oder Räucherlachs)
1 Zwiebel
1 EL Öl
200 ml trockener Weißwein
¾ l Gemüsebrühe
100 g Sahne
Salz · Pfeffer
1–2 EL Zitronensaft

Vorbereitung

Die Kartoffeln schälen und waschen.

Den Graved Lachs in Streifen schneiden.

Zubereitung FÜR 4 PERSONEN

1 Die Zwiebel schälen und hacken. Die Kartoffeln in Stücke schneiden.

2 Das Öl in einem Topf erhitzen und die Zwiebel darin andünsten.

3 Die Kartoffelstücke in den Topf geben, mit dem Wein ablöschen.

4 Die Brühe angießen und kurz aufkochen. Die Kartoffeln zugedeckt etwa 20 Minuten köcheln lassen.

5 Die Kartoffeln in der Brühe mit dem Stabmixer möglichst fein pürieren.

6 Die Sahne dazugießen und unterrühren.

7 Die Suppe mit Salz, Pfeffer und Zitronensaft abschmecken.

8 Die Kartoffelsuppe vor dem Servieren nochmals kurz mit dem Stabmixer aufschäumen.

9 Mit den Lachsstreifen anrichten, nach Belieben Pfeffer grob darübermahlen und mit Dill garnieren.

Vorbereitung: 10 Minuten
Zubereitung: 30 Minuten
Nährwerte pro Person:
345 kcal, 1455 kJ,
8 g EW, 14 g F, 37 g KH

Tipp

Für besondere Anlässe kann man die Suppe veredeln, indem man ½ EL Crème fraîche oder saure Sahne unterrührt und zusätzlich zum Lachs 80 g Shrimps hineingibt.

Kokosmilchsuppe
mit Tomaten und Shrimps

Zutaten

4 Frühlingszwiebeln
2 rote Chilischoten
25 g Ingwer
300 g Tomaten
150 g Shrimps (vorgegart)
1 EL Öl
¼ l Kokosmilch
650 ml Gemüsebrühe
ca. 2 EL Limettensaft
ca. 3 EL helle Sojasauce

Vorbereitung

Die Frühlingszwiebeln putzen und waschen.

Die Chilischoten längs halbieren, entkernen, waschen und hacken.

Zubereitung FÜR 4 PERSONEN

1 Das Frühlingszwiebelgrün für die Deko schräg in dünne Ringe schneiden.

2 Das Weiße der Frühlingszwiebeln hacken.

3 Den Ingwer schälen. Zuerst mit der breiten Messerklinge zerdrücken, dann ebenfalls hacken.

4 Die Tomaten überbrühen, häuten, vierteln, entkernen und in kleine Würfel schneiden.

5 Die Shrimps in einem Sieb kalt abbrausen und gut abtropfen lassen.

6 Das Öl in einem Topf erhitzen, Frühlingszwiebeln, Ingwer und Chili darin unter Rühren andünsten.

7 Die Kokosmilch und die Brühe dazugießen, kurz aufkochen und 4 Minuten köcheln lassen.

8 Die Shrimps und die Tomatenwürfel in der Kokosmilchsuppe erwärmen.

9 Die Suppe mit Limettensaft und Sojasauce abschmecken und mit dem Zwiebelgrün garnieren.

Vorbereitung: 5 Minuten
Zubereitung: 25 Minuten
Nährwerte pro Person:
370 kcal, 1560 kJ,
13 g EW, 31 g F, 10 g KH

Tipp

Vorsicht, feurig! Die ätherischen Öle der Chilischoten dürfen auf keinen Fall in die Augen geraten. Hände, Messer und Schneidbrett also gründlich waschen!

Chili con Carne
mit Kidneybohnen

Zutaten

200 g Möhren
2 Selleriestangen
1 Dose Kidneybohnen
(250 g Abtropfgewicht)
2 rote Peperoni
2 Zwiebeln
2 EL Öl
400 g Rinderhackfleisch
Salz · Pfeffer
Cayennepfeffer
2 Knoblauchzehen
5 EL Tomatenmark
600 ml Gemüsebrühe

Vorbereitung

Die Möhren putzen und schälen. Den Sellerie putzen und waschen.

Die Kidneybohnen in ein Sieb abgießen, kalt abbrausen und abtropfen lassen.

Zubereitung FÜR 4 PERSONEN

1 Die Peperoni längs halbieren, entkernen und waschen. Die Zwiebeln schälen. Beides hacken.

2 Die Möhren und Selleriestangen in feine Würfel schneiden.

3 Das Öl in einem großen Topf erhitzen.

4 Zwiebeln und Peperoni dazugeben und bei mittlerer Hitze unter Rühren 2 Minuten andünsten.

5 Das Hackfleisch dazugeben und bei großer Hitze unter Rühren etwa 5 Minuten krümelig anbraten.

6 Die Gemüsewürfel hinzufügen. Mit Salz, Pfeffer und Cayennepfeffer kräftig würzen.

7 Den Knoblauch schälen und dazupressen. Das Tomatenmark unterrühren.

8 Die Brühe dazugießen und alles gut verrühren. Bei mittlerer Hitze etwa 10 Minuten köcheln lassen.

9 Die Kidneybohnen hinzufügen und kurz erwärmen. Das Chili mit Salz und Pfeffer abschmecken.

Vorbereitung: 5 Minuten
Zubereitung: 35 Minuten
Nährwerte pro Person:
380 kcal, 1580 kJ,
30 g EW, 22 g F, 15 g KH

Tipp

Für echten Tex-Mex-Geschmack kann man noch geriebenen Cheddar-Käse über das Chili streuen und Taco-Chips dazu servieren.

Minestrone
mit Makkaroni und Bohnen

Zutaten

1 Zwiebel
2 Selleriestangen
(mit Grün)
100 g Lauch
1 Zucchino
200 g italienische
Riesenbohnen
(aus Glas oder Dose)
200 g Makkaroni
2 EL Olivenöl
1 Knoblauchzehe
1 l Gemüsebrühe
500 g Tomaten
Salz · Pfeffer

Vorbereitung

Die Zwiebel schälen und hacken.

Sellerie, Lauch und Zucchino putzen und waschen. Das Selleriegrün beiseitelegen.

Die Bohnen auf einem Sieb abtropfen lassen.

Die Makkaroni in Stücke brechen.

Vorbereitung: 10 Minuten
Zubereitung: 35 Minuten
Nährwerte pro Person:
590 kcal, 2475 kJ,
21 g EW, 31 g F, 56 g KH

Zubereitung FÜR 4 PERSONEN

1 Sellerie, Lauch und Zucchino in feine Scheiben schneiden.

2 Das Selleriegrün möglichst fein hacken.

3 Das Öl in einem Topf erhitzen und die Zwiebel darin andünsten.

4 Die Gemüsescheiben dazugeben und kurz mitdünsten. Den Knoblauch schälen und dazupressen.

5 Die Brühe angießen und alles bei kleiner Hitze etwa 10 Minuten köcheln lassen.

6 Die Makkaroni mit dem Selleriegrün hinzufügen, die Suppe weitere 10 Minuten köcheln lassen.

7 Die Tomaten überbrühen, häuten, vierteln, entkernen und in Spalten oder Würfel schneiden.

8 Die Bohnen und Tomaten in die Suppe geben und kurz aufkochen.

9 Die Minestrone mit Salz und Pfeffer abschmecken.

Tipp

Echte Italien-Fans träufeln noch etwas Basilikumpesto (aus dem Glas) über die Minestrone oder bestreuen sie mit frisch geriebenem Parmesan bzw. Pecorino.

Kartoffeln
Kulinarische Allroundtalente

Viele halten Kartoffeln für die unscheinbarste Delikatesse der Welt. Und tatsächlich erweisen sich die Knollen mit der rauen Schale in der Küche als wahre Allroundtalente, ob als dampfende Pellkartoffeln mit Kräuterquark, Knödel zum Sonntagsbraten oder feines Gratin. Kartoffeln sind aber nicht nur ungeheuer wandelbar und gesund, sondern auch preiswert. Billig sollten sie allerdings nicht sein: Finger weg von geschmackloser Massenware! Es lohnt sich, beim Einkauf auf Qualität zu achten. Greifen Sie zu festen Knollen, die keine Keime oder grünen Stellen haben. Zum Lagern sollte man in Folie verpackte Kartoffeln sofort auspacken; an einem kühlen und dunklen Ort halten sie sich am besten. Wer sich mit Kartoffeln für den Winter eindecken will, sollte bis Mitte September warten: Dann werden die Spätkartoffeln geerntet, die sich hervorragend zum Einlagern eignen. Wie man Kartoffeln am besten zubereitet? Mit Schale, denn so bleiben ihre wertvollen Inhaltsstoffe erhalten: Die Knollen bringen den Darm in Schwung, und ihre B-Vitamine sind Balsam für Haut und Nerven. Übrigens: Dass Kartoffeln dick machen, ist ein längst widerlegtes Vorurteil. Sie enthalten so gut wie kein Fett und sind mit 70 Kilokalorien pro 100 Gramm absolut figurfreundlich!

Desirée, Irmgard oder Sieglinde?

Kartoffel ist nicht gleich Kartoffel: Es gibt schätzungsweise 3000 Sorten dieses Nachtschattengewächses, von denen etwa 500 von kulinarischer Bedeutung sind. Findige Züchter haben die verschiedenen Knollen auf so klangvolle Namen wie Cherie, Leyla, Desirée oder Laura getauft. Damit das Püree schön cremig wird und die Bratkartoffeln nicht in der Pfanne zerfallen, kommt es darauf an, die richtige Sorte zu wählen. Um Ordnung in die Vielfalt zu bringen, teilt man Kartoffeln nach ihren Kocheigenschaften ein. So kann man sicher sein, für jedes Rezept die passenden Knollen zu finden.

FESTKOCHEND
Festkochende Kartoffeln sind sehr saftig, haben wenig Stärke und bleiben beim Kochen fest. Häufig werden sie auch als Salatkartoffeln bezeichnet. Dafür eignen sie sich nämlich besonders gut, genauso wie zur Zubereitung von Bratkartoffeln. Nicht zu empfehlen sind sie dagegen für Püree, Suppen oder Knödel.

Die Sorten heißen:
Renata, Forelle, Nicola, Cilena, Sieglinde, Selma oder Bamberger Hörnchen

VORWIEGEND FESTKOCHEND
Diese Kartoffeln bleiben beim Kochen weder richtig fest, noch sind sie mehlig. Man kann sie deshalb für (fast) alles verwenden. Optimal sind sie für Folienkartoffeln, Pommes frites, Rösti oder Kartoffelpuffer. Aber einen guten Salat oder ein cremiges Püree kriegt man mit ihnen nicht hin.

Die Sorten heißen:
Desirée, Christa, Solara, Agria, Rosella, Quarta, Maja oder Granola

MEHLIG KOCHEND
Mehlig kochende Sorten enthalten besonders viel Stärke. Sie sind deshalb sehr bindungsfähig und ideal für alle Suppen, Knödel, Gnocchi & Co. Auch ein Püree wird mit ihnen besonders cremig. Nur der Kartoffelsalat wird matschig, und auch für Pell- und Bratkartoffeln sind sie nicht jedermanns Sache.

Die Sorten heißen:
Aula, Adretta, Afra, Bintje, Donella, Irmgard, Freya oder Karlena

Kartoffelpüree – klassisch, cremig, gut

Püree zergeht auf der Zunge und ist ein echtes Muss zu Rouladen und Sauerkraut. Raffinierte Variante: Das Püree aus einem Mix aus gekochten Kartoffeln und Gemüse (Erbsen) zubereiten.

Das braucht man:
800 g mehlig kochende Kartoffeln
Salz · ca. ¼ l Milch
5 EL Butter · Muskatnuss

1 Die Kartoffeln schälen, waschen und in Salzwasser garen. Abgießen, kurz ausdampfen lassen und noch heiß durch die Kartoffelpresse drücken.

2 Die Milch erhitzen und mit der Butter kurz und kräftig unter die Kartoffelmasse rühren. So viel Milch dazugeben, dass ein cremiges Püree entsteht.

3 Das Kartoffelpüree mit Salz und Muskatnuss kräftig würzen. Wichtig: Das Püree nicht zu lange und zu schnell schlagen, sonst wird es klebrig!

Bratkartoffeln – rustikal und knusprig

Bei Bratkartoffeln kann eigentlich nichts schiefgehen, wenn man (vorwiegend) festkochende Kartoffeln verwendet. Ebenfalls von Vorteil: Die Kartoffeln schon am Vortag garen.

Das braucht man:
600 g festkochende Kartoffeln
2 EL Butterschmalz · Salz
1 EL Butter · Pfeffer

1 Am Vortag die Kartoffeln mit der Schale garen, ausdampfen lassen, pellen und in etwa 2 cm dicke Scheiben schneiden.

2 Je 1 EL Butterschmalz in einer Eisen- oder beschichteten Pfanne erhitzen und die Kartoffeln darin in 2 Portionen etwa 8 Minuten braten. Salzen und vorsichtig wenden.

3 Dann die Butter hinzufügen und die Kartoffeln weitere 8 Minuten knusprig braten. Mit Salz und Pfeffer (und/oder nach Belieben Kümmel) würzen.

Kartoffelgratin – einfach und doch vom Feinsten

Schälen, schneiden, schichten, überbacken – das Prinzip ist ganz einfach. Und während das Gratin im Ofen brutzelt, hat man Zeit für anderes …

Das braucht man:
1 kg vorwiegend festkochende Kartoffeln
1 Knoblauchzehe · 2 EL Butter
Salz · Pfeffer · Muskatnuss
250 g Sahne · ¼ l Milch
100 g geriebenen Gouda

1 Die Kartoffeln schälen, waschen und in dünne Scheiben schneiden (das geht am besten auf dem Gemüsehobel). Die Kartoffelscheiben mit Küchenpapier trocken tupfen.

2 Die Kartoffeln dachziegelartig in eine mit Knoblauch ausgeriebene und mit Butter gefettete ofenfeste Form schichten. Mit Salz, Pfeffer und Muskatnuss würzen.

3 Sahne und Milch mischen und über die Kartoffeln gießen. Mit dem Käse bestreuen und im vorgeheizten Ofen bei 220 °C etwa 50 Minuten goldbraun backen.

Gnocchi
mit Salbeibutter

Zutaten

1 kg mehlig kochende Kartoffeln
1 Bund Salbei
50 g Parmesan (am Stück)
250 g Mehl
1 Ei · Salz
80 g Butter
Pfeffer

Vorbereitung

Die Kartoffeln in der Schale gründlich waschen. Dann in wenig Wasser zugedeckt 30 Minuten weich garen.

Die Salbeiblätter von den Stielen zupfen, waschen und trocken tupfen.

Den Parmesan reiben.

Zubereitung FÜR 4 PERSONEN

1 Die Kartoffeln in ein Sieb abgießen, möglichst heiß pellen und durch die Kartoffelpresse drücken.

2 Die zerdrückten Kartoffeln etwas abkühlen lassen. Dann das Mehl und das Ei dazugeben.

3 Alles gut miteinander mischen und zu einem geschmeidigen Teig verkneten.

4 Aus dem Teig fingerdicke Rollen formen und diese in haselnussgroße Stücke schneiden.

5 Die Teigstücke mit einer Gabel auf beiden Seiten leicht flach drücken und 15 Minuten ruhen lassen.

6 Die Gnocchi in reichlich kochendes Salzwasser geben und bei kleiner Hitze 5 Minuten ziehen lassen.

7 Die Gnocchi mit dem Schaumlöffel herausheben und gut abtropfen lassen.

8 In einer Pfanne die Butter zerlassen und die Salbeiblätter darin unter Rühren anbraten.

9 Die Gnocchi in der Butter schwenken. Salzen, pfeffern und mit dem Parmesan bestreuen.

Vorbereitung: 30 Minuten
Zubereitung: 30 Minuten
Nährwerte pro Person:
595 kcal, 2495 kJ,
16 g EW, 22 g F, 82 g KH

Tipp

Raffinierter werden die Gnocchi, wenn man jeweils etwas Ziegenkäse in die Teigstücke mit einarbeitet. Dazu passt am besten Tomatensauce (siehe S. 60).

Zucchini-Frittata
mit Joghurtsauce

Zutaten

1 Zwiebel
1 getrocknete rote Chilischote
350 g Zucchini
1 EL Öl
2 EL Butter
6 Eier
6 EL Sahne
Salz · Pfeffer
100 g gemischte Sprossen
150 g Naturjoghurt
1 EL gehackter Dill
1 EL gehackte Petersilie
2 EL Orangensaft
1 Knoblauchzehe

Vorbereitung

Die Zwiebel schälen und hacken.

Die Chilischote im Mörser zerstoßen.

Zubereitung FÜR 4 PERSONEN

1 Die Zucchini putzen, waschen und in dünne Scheiben schneiden.

2 Öl und Butter erhitzen und die Zwiebel darin andünsten. Zucchini dazugeben und 5 Minuten braten.

3 Eier und Sahne mit dem Schneebesen gründlich verquirlen, mit $\frac{1}{2}$ TL Salz und Pfeffer würzen.

4 Die Zucchinischeiben mit Salz, Pfeffer und Chili kräftig würzen.

5 Die Eiersahne angießen und alles zugedeckt bei kleiner Hitze 15 Minuten stocken lassen.

6 Die Sprossen in einem Sieb mit kochendem Wasser übergießen und gut abtropfen lassen.

7 Den Joghurt mit Dill, Petersilie und Orangensaft verrühren.

8 Den Knoblauch schälen und dazupressen, die Joghurtsauce mit Salz und Pfeffer abschmecken.

9 Die Sprossen auf der Zucchini-Frittata anrichten. Die Joghurtsauce dazu servieren.

Vorbereitung: 5 Minuten
Zubereitung: 30 Minuten
Nährwerte pro Person:
345 kcal, 1440 kJ,
19 g EW, 26 g F, 8 g KH

Tipp

Die Frittata kann man mit jedem Gemüse zubereiten, das eine kurze Garzeit hat. Oder man verwendet bereits gegartes Gemüse wie Pellkartoffeln.

Gemüse
Gesunder Genuss querbeet

Gemüse ist alles andere als »nur« eine Beilage. Und das ist auch kein Wunder bei der Riesenauswahl an verschiedensten Sorten, die heute angeboten werden. Wer sich fit halten und bewusst ernähren will, für den ist Gemüse sowieso ein Muss: Es strotzt nur so von Vitaminen und fällt dabei kalorien- und fettmäßig kaum ins Gewicht. Besonders wertvoll sind die im Gemüse enthaltenen sekundären Pflanzenstoffe (vor allem Farb- und Aromastoffe), die als wahre Schutzschilde für unsere Gesundheit fungieren. Daher Augen und Nase auf beim Gemüsekauf, denn je intensiver Farbe und Geruch, desto mehr Schutzstoffe sind enthalten! Gemüse sollte man am besten jeden oder jeden zweiten Tag frisch kaufen, denn nur erntefrisch verarbeitet, enthält es ein Maximum an gesunden Inhaltsstoffen. Bevorzugen Sie Sorten aus der Region, die gerade Saison haben, davon kann meist auch Ihr Portemonnaie profitieren. Bis das Gemüse in der Küche verarbeitet wird, sollte man es kühl und dunkel aufbewahren. Am schonendsten sind die Garmethoden, die mit wenig Wasser auskommen, also Dünsten, Dämpfen und Pfannenrühren. Und nicht vergessen: Gemüse immer mit etwas Fett zubereiten, sonst nutzen all die gesunden (fettlöslichen) Vitamine nichts!

Gemüse vorbereiten – perfekt in Form gebracht

Die richtige Vorbereitung ist das A und O in der Gemüseküche. Natürlich kann man darüber streiten, ob es sinnvoll ist, Möhren in Form zu schnitzen oder zu Kugeln zu formen. Fest steht aber, dass schlecht geputztes Gemüse den Geschmack wesentlich beeinträchtigt. Die wichtigste Regel lautet: Zunächst putzen, dann waschen und erst zuletzt zerkleinern. Gemüse sollte man immer erst vorbereiten, kurz bevor man es weiterverarbeitet. Es macht auch keinen Sinn, es zwischenzeitlich in Wasser zu legen: Dort behält es zwar seine frische Farbe, die wertvollen Vitamine gehen aber trotzdem verloren.

1 Paprikaschoten – ebenso wie Chilischoten – mit einem scharfen Messer längs halbieren.

2 Stielansatz, Kerne und weiße Innenwände entfernen. Die Schoten außen und innen waschen.

3 Die abgetropften Schotenhälften halbieren und in Streifen oder kleine Würfel schneiden.

1 Von Lauch- und Frühlingszwiebelstangen den Wurzelansatz abschneiden und die äußeren, welken Blätter abziehen.

2 Die Stangen längs einschneiden und gründlich waschen, bis der Sand aus allen Blattschichten herausgespült ist.

3 Die Lauch- oder Frühlingszwiebelstangen abtropfen lassen. Dann längs in Streifen und nochmals quer in Ringe schneiden.

Tomaten häuten – für das volle Aroma

Aus geschmacklichen Gründen werden Tomaten gern entkernt verwendet. Und weil sich die Schale beim Kochen ablöst, aufrollt und störend in der Sauce oder Suppe schwimmt, befreit man die Tomaten auch gleich noch davon. Im Winter sind geschälte Tomaten aus der Dose durchaus die bessere Alternative.

1 Den Stielansatz der Tomaten mit einem spitzen Messer keilförmig herausschneiden und die Haut kreuzweise einritzen.

2 Die Tomaten kurz in kochendes Wasser tauchen, mit dem Schaumlöffel herausnehmen, sofort kalt abschrecken und häuten.

3 Die Tomaten vierteln, entkernen und in Würfel schneiden. Oder zum Füllen mit einem Teelöffel vorsichtig aushöhlen.

Gemüse blanchieren – so kommt Farbe ins Spiel

Was der Unterschied zwischen Kochen und Blanchieren ist? Die Zeit! Beim Blanchieren wird das Gemüse nur kurz in reichlich kochendes Wasser gegeben und dann kalt abgeschreckt, damit es seine frische Farbe behält. Beim Kochen bleibt das Gemüse im Topf, bis es weich ist.

1 Gemüse, das schonend gegart oder tiefgefroren werden soll, wird blanchiert. Dazu Wasser mit Salz zum Kochen bringen.

2 Das Gemüse, wie grüne Bohnen, darin 2 bis 3 Minuten blanchieren oder bissfest kochen.

3 Das Gemüse herausheben und in Eiswasser abschrecken, um den Garprozess zu stoppen und die Farbe zu erhalten.

Gemüse wokken – für Biss und Geschmack

Beim schnellen Wokken im heißen Fett kann man fast alle Gemüsesorten unter ständigem Rühren bissfest auf den Punkt garen. Wichtig ist, dass man immer zuerst das Gemüse mit der längsten Garzeit in den Wok oder die Pfanne gibt und erst dann die zarteren Sorten hinzufügt.

1 Das Gemüse putzen, waschen bzw. schälen und in möglichst gleichmäßige Streifen schneiden.

2 Vorbereitete Zutaten vor dem Wokken bereitstellen. Das Öl im Wok oder in der Pfanne erhitzen.

3 Das Gemüse unter ständigem Rühren bissfest braten, fertig Gegartes an den Rand schieben.

Gemüsecurry
mit Kürbis und Kichererbsen

Zutaten

100 g Gemüsezwiebeln
1 Knoblauchzehe
600 g Muskatkürbis
2 rote Paprikaschoten
200 g Zuckerschoten
1 Dose Kichererbsen
(240 g Abtropfgewicht)
3 EL Öl · 1 TL Kurkuma
½ TL gemahlener Koriander · 1 TL Cumin
½ TL Chilipulver
Salz · Pfeffer
½ l Gemüsebrühe
5 EL Sahne · 1 EL Mehl
150 g Sahnejoghurt
ca. 4 EL Zitronensaft

Vorbereitung

Die Zwiebeln und den Knoblauch schälen und hacken.

Den Kürbis schälen und die Kerne mit einem Löffel entfernen. Das Kürbisfruchtfleisch in Würfel schneiden.

Die Paprikaschoten längs halbieren, entkernen, waschen und in größere Stücke schneiden.

Vorbereitung: 15 Minuten
Zubereitung: 30 Minuten
Nährwerte pro Person:
385 kcal, 1600 kJ,
14 g EW, 18 g F, 39 g KH

Zubereitung FÜR 4 PERSONEN

1 Die Zuckerschoten putzen, waschen und abtropfen lassen. Die Kichererbsen abtropfen lassen.

2 Das Öl in einem Topf erhitzen, Zwiebeln, Knoblauch und Gewürze darin unter Rühren andünsten.

3 Knapp die Hälfte der Zwiebelmasse aus dem Topf nehmen und beiseitestellen.

4 Die Kürbiswürfel zu den restlichen Zwiebeln in den Topf geben und kurz andünsten.

5 Die Brühe dazugießen, alles bei großer Hitze zugedeckt aufkochen lassen.

6 Paprikastücke, Zuckerschoten und Kichererbsen hinzufügen. Alles offen 10 Minuten kochen lassen.

7 Die Sahne und das Mehl gut verrühren. Unter das Curry rühren und kurz köcheln lassen.

8 Den Sahnejoghurt mit etwas Salz und Pfeffer verrühren.

9 Das Gemüsecurry mit Zitronensaft, Salz und Pfeffer abschmecken. Mit dem Joghurt servieren.

Tipp

Wer sich nicht eigens für dieses Rezept die verschiedenen Gewürze zulegen will, kann auch eine fertige Gewürzmischung wie Madras-Currypulver verwenden.

Gemüsekuchen
mit Schinken und Tomaten

Zutaten

300 g Blätterteig (tiefgekühlt)
ca. 600 g Blumenkohl
je 250 g Brokkoli und Möhren
250 g gekochter Schinken (am Stück)
250 g Cocktailtomaten
Salz · Mehl zum Ausrollen
Fett für die Form
getrocknete Hülsenfrüchte zum Blindbacken
300 g Crème fraîche
3 Eier · Pfeffer
Muskatnuss

Vorbereitung

Blätterteigplatten nebeneinanderlegen und etwa 15 Minuten auftauen lassen.

Blumenkohl und Brokkoli putzen und waschen.

Die Möhren putzen, schälen und ebenso wie den Schinken in Würfel schneiden.

Die Cocktailtomaten überbrühen und häuten.

Den Backofen auf 200 °C vorheizen.

Vorbereitung: 20 Minuten
Zubereitung: 55 Minuten
Nährwerte pro Person:
775 kcal, 3245 kJ,
32 g EW, 57 g F, 34 g KH

Zubereitung FÜR 4 PERSONEN

1 Blumenkohl und Brokkoli in Röschen teilen. Die Strünke und Stiele schälen und in Würfel schneiden.

2 Brokkoli, Blumenkohl und Möhren nacheinander in kochendem Salzwasser 4 Minuten blanchieren.

3 Das Gemüse in einem Sieb kalt abschrecken und gut abtropfen lassen.

4 Die Blätterteigplatten übereinanderlegen, auf der leicht bemehlten Arbeitsfläche rund ausrollen.

5 Eine gefettete Springform mit dem Teig auskleiden, mit Backpapier und Hülsenfrüchten belegen.

6 Den Teig im Ofen auf der mittleren Schiene vorbacken. Backpapier und Hülsenfrüchte entfernen.

7 Das Gemüse, den Schinken und die Tomaten auf dem Teig verteilen.

8 Crème fraîche und Eier gut verrühren, mit Salz, Pfeffer und Muskatnuss kräftig würzen.

9 Die Eiersahne über den Kuchen gießen, im Ofen auf der mittleren Schiene 30 bis 35 Minuten backen.

Tipp

Der Teig wird hier vorgebacken, damit er nach dem Belegen knusprig bleibt. Zum Blindbacken eignen sich getrocknete Linsen oder weiße Bohnen.

Spargel
mit Sauce hollandaise

Zutaten

2 ½ kg weißer Spargel
Salz
1 TL Zucker
200 g Butter
3 Eigelb
3–4 EL trockener
Weißwein
Pfeffer
300 g Räucherlachs
(in Scheiben)

Vorbereitung

Küchengarn in 4 Fäden
(jeweils etwa 1 Meter lang)
schneiden.

Zubereitung FÜR 4 PERSONEN

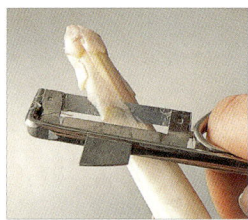

1 Die Spargelstangen schälen, dabei die Köpfe aussparen. Holzige Spargelenden abschneiden.

2 Den Spargel bündeln: 20 cm Küchengarn hängen lassen, den Rest dreimal um die Stangen wickeln.

3 Das Garn schräg zu den Spargelspitzen führen, wieder dreimal umwickeln.

4 Die Garnenden überkreuzen und verknoten. Reichlich Salzwasser mit Zucker und 1 EL Butter aufkochen.

5 Den Spargel darin bei kleiner Hitze etwa 15 Minuten garen. Währenddessen die Butter zerlassen.

6 Eigelb mit dem Wein und 1 Prise Salz im Schlagkessel verrühren. Im heißen Wasserbad aufschlagen.

7 Die Schüssel aus dem Wasserbad nehmen und die flüssige Butter esslöffelweise unterrühren.

8 Die Sauce hollandaise mit Salz, Pfeffer und eventuell noch etwas Wein abschmecken.

9 Spargel abtropfen lassen, das Garn entfernen. Mit dem Lachs und der Sauce hollandaise servieren.

Vorbereitung: 2 Minuten
Zubereitung: 40 Minuten
Nährwerte pro Person:
600 kcal, 2500 kJ,
29 g EW, 46 g F, 13 g KH

Tipp

Achtung beim Schlagen der Sauce hollandaise: Das Wasserbad darf auf keinen Fall kochen, da die Eigelbcreme sonst leicht stocken könnte.

Polentaschnitten
mit Spinat und Gorgonzola

Zutaten

400 g Blattspinat
2 Knoblauchzehen
140 g Sahnegorgonzola
Salz · ca. 2 EL Butter
200 g Instant-Polenta
1 Ei · Pfeffer

Vorbereitung

Spinat putzen und waschen. In kochendem Wasser zusammenfallen lassen, abgießen und abtropfen lassen.

Den Knoblauch schälen und hacken.

Den Gorgonzola in kleine Stücke schneiden.

Eine ofenfeste Form mit Klarsichtfolie auslegen.

Zubereitung FÜR 4 PERSONEN

1 In einem Topf ½ l Wasser mit etwas Salz und 1 EL Butter aufkochen. Die Polenta hineinrühren.

2 Das Ei verquirlen. Die Polentamasse in eine Schüssel geben und das verquirlte Ei unterrühren.

3 Die Masse in der mit Klarsichtfolie ausgelegten Form glatt streichen und abkühlen lassen.

4 Den Spinat mit den Händen gut ausdrücken und grob hacken. Den Backofengrill einschalten.

5 Den Spinat mit dem Knoblauch, 80 g Gorgonzola, Salz und reichlich Pfeffer verrühren.

6 Die Polentamasse auf ein Küchenbrett stürzen und die Klarsichtfolie abziehen.

7 Die Masse in 8 große Rauten schneiden und in die mit Butter gefettete Form geben.

8 Spinat und restlichen Gorgonzola auf den Polentaschnitten verteilen.

9 Die Polentaschnitten im Ofen 7 Minuten knusprig übergrillen.

Vorbereitung: 20 Minuten
Zubereitung: 25 Minuten
Nährwerte pro Person:
355 kcal, 1490 kJ,
16 g EW, 17 g F, 34 g KH

Tipp

Die Polentaschnitten sind eine originelle Vorspeise. Mit einem Salat aus Rucola und Cocktailtomaten wird daraus ein mediterranes Hauptgericht.

Gefülltes Gemüse
mit Couscous und Feta

Zutaten

1 Zwiebel

1 Knoblauchzehe

4 große Tomaten

Salz · Pfeffer

4 Riesenchampignons

3 EL Olivenöl

1 großer Zucchino

1/8 l Gemüsebrühe

125 g Couscous

4 EL gehackte Petersilie

1–2 EL Crème fraîche

100 g Feta (Schafskäse)

Cayennepfeffer

2–3 EL Butter

Vorbereitung

Den Backofen auf 200 °C vorheizen.

Die Zwiebel und den Knoblauch schälen und hacken.

Tomaten waschen. Von jeder Tomate einen Deckel abschneiden. Die Tomaten mit einem Teelöffel aushöhlen, innen salzen und pfeffern.

Die Champignons putzen und die Stiele herausdrehen.

Eine ofenfeste Form mit 1 EL Öl einfetten.

Vorbereitung: 10 Minuten
Zubereitung: 50 Minuten
Nährwerte pro Person:
335 kcal, 1395 kJ,
11 g EW, 19 g F, 28 g KH

Zubereitung FÜR 4 PERSONEN

1 Zucchino putzen und waschen, in 4 Stücke schneiden und mit einem Kugelausstecher aushöhlen.

2 Die Zucchinistücke in kochendem Salzwasser 2 Minuten blanchieren und trocken tupfen.

3 Zucchinifleisch, Pilzstiele und Tomatendeckel hacken. Die Brühe mit 1 EL Öl aufkochen.

4 Den Couscous in die Brühe rühren, vom Herd nehmen und zugedeckt 3 Minuten quellen lassen.

5 Das gehackte Gemüse, Zwiebel und Knoblauch in einer Pfanne in 1 EL Öl unter Rühren braten.

6 Das gebratene Gemüse mit der Petersilie und der Crème fraîche unter den Couscous mischen.

7 Feta in Würfel schneiden und etwa 70 g unterrühren. Mit Salz, Pfeffer und Cayennepfeffer würzen.

8 Gemüse mit der Masse füllen und in die gefettete Form setzen. Den restlichen Feta darübergeben.

9 Das Gemüse mit Butterflöckchen belegen und im Ofen auf der mittleren Schiene 30 Minuten garen.

Tipp

Gefülltes Gemüse kommt immer gut an – ob als warme Vorspeise, vegetarisches Hauptgericht oder pikanter Snack auf dem Party-Büfett.

Pizza Margherita
mit Tomaten und Mozzarella

Zutaten

Für den Pizzateig:

1 Würfel Hefe (42 g)

Zucker · ca. 9 EL Olivenöl

500 g Mehl · 1 TL Salz

Mehl zum Ausrollen

Für den Belag:

½ Bund Basilikum

375 g Mozzarella

800 g Tomaten

2 Knoblauchzehen

3 EL Olivenöl

Salz · Pfeffer

1 TL getrockneter Thymian

Vorbereitung

Für den Pizzateig:
Die Hefe in etwa 100 ml warmem Wasser mit 1 Prise Zucker auflösen.

4 Pizzaformen mit 2 EL Öl einfetten.

Für den Belag:
Das Basilikum waschen und trocken schütteln, die Blätter abzupfen und in feine Streifen schneiden.

Mozzarella abtropfen lassen und in Scheiben schneiden.

Vorbereitung: 10 Minuten
Zubereitung: 1 ½ Stunden
Nährwerte pro Person:
900 kcal, 3765 kJ,
34 g EW, 42 g F, 96 g KH

Zubereitung FÜR 4 PERSONEN

1 Mehl und Salz in einer großen Schüssel mischen und eine Mulde hineindrücken.

2 Das Hefewasser in die Mulde geben und mit etwas Mehl verquirlen. 15 Minuten gehen lassen.

3 Den Vorteig mit dem restlichen Mehl, 7 EL Öl und etwa 150 ml warmem Wasser gut verkneten.

4 Den Teig zu einer Kugel formen und an einem warmen Ort mindestens 30 Minuten gehen lassen.

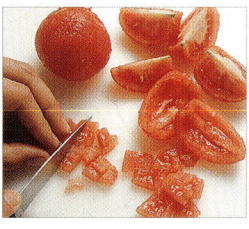
5 Die Tomaten überbrühen, häuten, vierteln, entkernen und in kleine Würfel schneiden.

6 Den Knoblauch schälen und hacken. In einem Topf 1 EL Öl erhitzen, den Knoblauch darin andünsten.

7 Die Tomaten hinzufügen, mit Salz, Pfeffer und Thymian würzen. Den Backofen auf 250 °C vorheizen.

8 Die Tomaten 5 Minuten bei kleiner Hitze köcheln lassen, dann die Basilikumstreifen unterrühren.

9 Den Hefeteig noch einmal kräftig durchkneten und in 4 Portionen teilen.

10 Die Teigportionen auf der leicht bemehlten Arbeitsfläche rund ausrollen.

11 Die Pizzaformen mit dem Teig auslegen, dabei jeweils einen Rand formen.

12 Mit Tomaten und Käse belegen, 2 EL Öl darübergeben. 15 Minuten backen.

Pasta
Küchen-Lieblinge mit Biss

Teigwaren zählen zu den Basics, die in keiner Küche fehlen dürfen. Ein großes Plus haben getrocknete Nudeln (in Italien: Pasta secca), die nur aus Hartweizengrieß, also ohne Ei, hergestellt werden. Sie sind fast unbegrenzt haltbar und bieten als weiteren Vorteil den echten »al dente«-Biss. Frische Pasta (Pasta fresca) aus dem Kühlregal kann man dagegen nur kurze Zeit aufbewahren; deshalb immer auf das Mindesthaltbarkeitsdatum achten. Wer frische Pasta beim italienischen Feinkosthändler kauft, sollte diese möglichst noch am gleichen Tag zubereiten. Damit Nudeln bissfest auf den Teller kommen, ist nicht nur die exakte Garzeit, sondern auch reichlich Wasser nötig. Pasta will schwimmen! Als Faustregel rechnet man pro 100 g Nudeln mindestens 1 l Wasser und etwa 1 TL Salz. Wer Nudelteig selbst macht, kann in besonderer Weise kreativ werden und Farbe und Geschmack individuell bestimmen: Viele Eier, Safran oder Currypulver färben den Teig gelb, pechschwarz wird er mit Sepiatinte. Mit Roter Bete, Tomatenmark oder Chilipulver werden die Nudeln rot, mit Spinat oder frischen Kräutern grün. Und für eine raffinierte Basiswürze geben Profis gern noch 1 EL Balsamico bianco, Chilischoten oder Ingwerscheiben mit ins Kochwasser.

Keine Pasta ohne Sauce: die idealen Partner

Ob kurz oder lang, dünn oder dick, gebogen oder gedreht: Nudeln gibt es in allen erdenklichen Formen. Allein in Italien, das neben China als »Mutterland« der Nudeln gilt, soll es über 300 Pasta-Sorten geben. Da verwundert es nicht, dass die Frage, welche Sorte am besten zu welcher Sauce passt, hier fast schon eine Wissenschaft für sich ist. Als ungeschriebenes Gesetz gilt: Je leichter und feiner die Sauce, umso zarter sollte die Pasta sein. Wichtig ist auch, gegarte Nudeln nur abzuschrecken, wenn man sie für Salat verwenden will! Durch die kalte Dusche wird nämlich der Stärkefilm zerstört – und der sorgt dafür, dass die Sauce gut haftet.

DIE KURZEN
Zu den Klassikern unter den kurzen Röhrennudeln zählen Rigatoni, Tortiglioni und Penne, die es sowohl mit gerillter als auch mit glatter Oberfläche gibt. Sie nehmen nicht zu dickflüssige Tomaten- und Fleischsaucen sehr gut auf. Im Gegensatz dazu bilden Fusilli und Spiralnudeln gerade mit dickeren Saucen ein perfektes Team. Farfalle (Schmetterlingsnudeln) lassen sich mit leichten Sahnesaucen mit Schinken oder Lachs dekorativ in Szene setzen.

DIE LANGEN
Spaghetti, Linguine und Maccheroni gelten quasi als »Universalnudeln«. Sie harmonieren mit fast allen Saucen, wobei ihre bevorzugten Partner aromatische Tomaten- und Kräutersaucen wie Pesto sind. Die extradünnen Spaghettini und Vermicelli sind die idealen Partner für flüssige Sahnesaucen. Dagegen serviert man breite Bandnudeln und Tagliatelle am besten mit deftigen Fleischsaucen, wie etwa Sauce bolognese oder Wildragout.

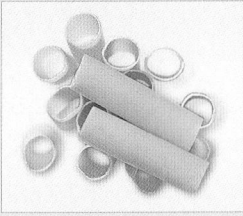

CONCHIGLIE & CO.
Cannelloni und Conchiglie, Röhren- und Muschelnudeln in XXL-Größe, sind aufgrund ihrer Form regelrecht prädestiniert zum Füllen. Bei den verschiedenen Füllungen für Cannelloni sind der Fantasie keine Grenzen gesetzt – zu den Klassikern gehören eine saftige Hackfleischmasse und eine Mischung aus Spinat und Ricotta. Die vorgegarten Muschelnudeln lassen sich am besten mit Fisch- oder Fleischragout füllen und überbacken.

Nudelteig zubereiten – Mühe, die sich lohnt

Echte Pasta-Fans wissen: Selbst gemachte Nudeln schmecken einfach am besten! Das braucht etwas Zeit, geht aber ganz einfach. Wer kernige Nudeln mag, mischt Mehl mit Weizengrieß.

Das braucht man:
300 g Mehl (Type 405) oder 150 Mehl und 150 g Weizengrieß · ½ TL Salz
3 Eier · 1 EL Olivenöl

1 Mehl (und Grieß) und Salz auf ein Brett häufen, in die Mitte eine Mulde drücken. Eier und Öl in die Mulde geben, die Eier mit einer Gabel verquirlen, etwas Mehl einarbeiten.

2 Mehl und Eier mit den Händen gut vermischen. Mit den Handballen von außen nach innen so lange durchkneten, bis ein glatter Teig entsteht (dauert etwa 5 Minuten).

3 Den Teig zu einer Kugel formen, mit einem Tuch bedecken und an einem warmen Ort etwa 30 Minuten ruhen lassen.

Nudeln formen – sieht schwieriger aus, als es ist

Ob Spaghetti, Bandnudeln oder Lasagneplatten, es gibt die vielfältigsten Möglichkeiten, Nudelteig in Form zu bringen. Wichtig: Der Teig muss vorher immer möglichst dünn ausgerollt werden. Das kann man mit dem Nudelholz und Muskelkraft machen, oder man überlässt die Arbeit einfach einer Nudelmaschine!

1 Die Arbeitsfläche mit Mehl bestäuben. Die Teigkugel von der Mitte aus mit dem Nudelholz dünn ausrollen.

2 Mit der Nudelmaschine muss die Walzenstärke von Mal zu Mal verringert werden, um die gewünschte Teigdicke zu erreichen.

3 Die Teigplatten etwa 10 Minuten ruhen lassen. Mit einem Messer oder dem entsprechenden Vorsatz der Nudelmaschine z. B. schmale oder breite Bandnudeln schneiden.

Spätzle – frisch gehobelt ist halb gewonnen

Was für die Italiener die Pasta ist, sind für die Schwaben die Spätzle. Die Grundzutaten sind zwar gleich, aber beim Spätzleteig wird nicht lange gefackelt: Er wird sofort vom Küchenbrett ins Kochwasser geschabt. Leichter geht's mit Spätzlehobel oder -presse.

Das braucht man:
500 g Mehl
Salz · 6 Eier

1 Das Mehl, 1 TL Salz, die Eier und 100 ml Wasser in einer Schüssel so lange mit einem Kochlöffel schlagen, bis ein zähflüssiger Teig entsteht.

2 Eventuell noch etwas Wasser dazugeben. Weiterschlagen, bis der Teig Blasen wirft, leicht glänzt und sich vom Schüsselboden löst.

3 Den Teig portionsweise in den Spätzlehobel füllen und in kochendes Salzwasser hobeln. Die Spätzle herausnehmen, wenn sie an die Oberfläche steigen, und kalt abschrecken.

Spaghetti
mit Tomatensauce

Zutaten

800 g Tomaten
2 Knoblauchzehen
1/2 Bund Basilikum
3 Frühlingszwiebeln
2 EL Olivenöl
2 EL Tomatenmark
2 EL Aceto balsamico
200 ml Gemüsebrühe
Salz · Pfeffer
Zucker
400 g Spaghetti
40 g Parmesan (am Stück)

Vorbereitung

Die Tomaten überbrühen, häuten, vierteln, entkernen und in Würfel schneiden.

Den Knoblauch schälen und hacken.

Basilikum waschen, trocken schütteln und die Blätter abzupfen. Einige Blätter für die Deko beiseitelegen, den Rest in Streifen schneiden.

Zubereitung FÜR 4 PERSONEN

1 Die Frühlingszwiebeln putzen und waschen, das Weiße hacken, das Grün in Ringe schneiden.

2 Das Öl in einem Topf erhitzen, gehackte Frühlingszwiebeln und Knoblauch darin andünsten.

3 Die Tomaten hinzufügen, das Tomatenmark unterrühren und kurz anrösten.

4 Mit dem Essig ablöschen und die Brühe angießen.

5 Mit Salz, Pfeffer und 1 Prise Zucker würzen. Etwa 10 Minuten leicht sämig einkochen lassen.

6 Die Spaghetti in reichlich kochendem Salzwasser nach Packungsanweisung bissfest garen.

7 Den Parmesan auf der Käsereibe reiben.

8 Basilikumstreifen und Zwiebelgrün unter die Sauce rühren, eventuell nochmals abschmecken.

9 Die Spaghetti abgießen und gut abtropfen lassen. Mit der Sauce, Parmesan und Basilikum anrichten.

Vorbereitung: 15 Minuten
Zubereitung: 25 Minuten
Nährwerte pro Person:
505 kcal, 2125 kJ,
18 g EW, 13 g F, 80 g KH

Tipp

Man kann die Tomatensauce gut in größeren Mengen zubereiten und einfrieren. Sie können die Hälfte der Brühe auch durch Weißwein ersetzen.

Linguine
mit Basilikumpesto

Zutaten

2–3 Bund Basilikum
2 Knoblauchzehen
30 g Pinienkerne
50 g Parmesan (am Stück)
400 g Linguine · Salz
8 EL Olivenöl
Pfeffer

Vorbereitung

Basilikum waschen, trocken schütteln und die Blätter abzupfen. Einige Blätter für die Deko beiseitelegen.

Den Knoblauch schälen und grob zerkleinern.

Zubereitung FÜR 4 PERSONEN

1 Die Pinienkerne in einer beschichteten Pfanne ohne Fett leicht anrösten.

2 Den Parmesan auf der Käsereibe reiben.

3 Die Linguine in reichlich kochendem Salzwasser nach Packungsanweisung bissfest garen.

4 Pinienkerne, Basilikum, Knoblauch und etwas Öl im Blitzhacker oder mit dem Stabmixer pürieren.

5 Den Parmesan dazugeben und alles noch einmal kurz pürieren.

6 Nach und nach das restliche Olivenöl dazugießen und alles zu einer glatten Paste pürieren.

7 Das Basilikumpesto mit Salz und Pfeffer kräftig abschmecken.

8 Die Linguine in ein Sieb abgießen, dabei 2 bis 3 EL Kochwasser im Topf lassen.

9 Die Nudeln zurück in den Topf geben und das Pesto untermischen. Mit Basilikum garniert servieren.

Vorbereitung: 5 Minuten
Zubereitung: 20 Minuten
Nährwerte pro Person:
650 kcal, 2720 kJ,
20 g EW, 29 g F, 75 g KH

Tipp

Pesto kann man in vielen Variationen zubereiten: Nehmen Sie z. B. statt Basilikum Koriander, oder ersetzen Sie die Pinienkerne durch Walnusskerne.

Lasagne
mit Sauce bolognese

Zutaten

1 Zwiebel · 2 Knoblauch-
zehen · 1 Möhre
3 Selleriestangen
1 Kugel Mozzarella (125 g)
3 EL Olivenöl
250 g gemischtes Hack-
fleisch
2 EL Tomatenmark
50 ml trockener Rotwein
1 große Dose geschälte
Tomaten (480 g Abtropf-
gewicht)
Salz · Pfeffer
4 EL Butter · 50 g Mehl
½ l Milch
200 g Lasagneblätter
80 g geriebener Parmesan

Vorbereitung

Die Zwiebel und den Knob-
lauch schälen und hacken.

Möhre und Sellerie putzen,
schälen bzw. waschen und
in kleine Würfel schneiden.

Mozzarella abtropfen lassen
und in Scheiben schneiden.

Eine ofenfeste Form mit
1 EL Öl einfetten.

Vorbereitung: 10 Minuten
Zubereitung: 50 Minuten
Garzeit: 40 Minuten
Nährwerte pro Person:
840 kcal, 3515 kJ,
40 g EW, 49 g F, 56 g KH

Zubereitung FÜR 4 PERSONEN

1 In einer Pfanne 2 EL Öl erhitzen. Zwiebel, Knoblauch und Hackfleisch darin unter Rühren anbraten.

2 Die Möhren- und Selleriewürfel hinzufügen und kurz mitbraten.

3 Das Tomatenmark unterrühren, den Wein und die Dosentomaten samt Saft dazugeben.

4 Die Tomaten leicht zerdrücken. Die Sauce salzen und pfeffern, 20 Minuten sämig einkochen lassen.

5 Den Backofen auf 200 °C vorheizen. 3 ½ EL Butter zerlassen, das Mehl unterrühren und anschwitzen.

6 Nach und nach die Milch unter Rühren dazugießen. Salzen und pfeffern und 5 Minuten köcheln lassen.

7 2 bis 3 EL Béchamelsauce in die gefettete Form geben und mit Lasagneblättern auslegen.

8 Hackfleisch- und Béchamelsauce sowie die Nudelblätter abwechselnd in die Form schichten.

9 Mit Mozzarella belegen, Parmesan und Butterflöckchen darübergeben. Im Ofen 40 Minuten backen.

Tipp

Die Lasagne am besten mit einem gemischten Salat servieren und nach Belieben noch frisches Baguette oder Ciabatta dazu reichen.

Cannelloni
mit Spinat und Ricotta

Zutaten

400 g Blattspinat
100 g Parmesan
(am Stück)
1 EL Olivenöl
20 g Pinienkerne
200 g Ricotta
3 Eier
Salz · Pfeffer
1 Knoblauchzehe
16 Cannelloni
100 g Sahne
1 EL Butter

Vorbereitung

Spinat putzen und waschen. In kochendem Wasser zusammenfallen lassen, abgießen und abtropfen lassen.

Den Parmesan reiben.

Eine ofenfeste Form mit 1 EL Öl einfetten.

Den Backofen auf 200 °C vorheizen.

Zubereitung FÜR 4 PERSONEN

1 Die Pinienkerne in einer Pfanne ohne Fett leicht anrösten und abkühlen lassen.

2 Den Ricotta mit 1 Ei, etwas Salz und Pfeffer glatt rühren.

3 Den Knoblauch schälen, durch die Presse dazudrücken und unterrühren.

4 Die gerösteten Pinienkerne hacken und unter die Käsecreme rühren.

5 Den Spinat mit den Händen gut ausdrücken und grob hacken.

6 Den Spinat unter die Käsecreme mischen, die Creme abschmecken.

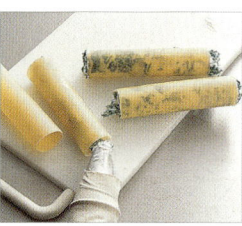

7 Die Masse mit einem Löffel oder Spritzbeutel in die Cannelloni füllen. Die Cannelloni in die Form legen.

8 Die Sahne, 2 Eier und 60 g geriebenen Parmesan verrühren und über die Cannelloni gießen.

9 Den restlichen Käse und Butterflöckchen darübergeben und im Ofen etwa 35 Minuten backen.

Vorbereitung: 15 Minuten
Zubereitung: 25 Minuten
Garzeit: 35 Minuten
Nährwerte pro Person:
715 kcal, 2985 kJ,
33 g EW, 39 g F, 55 g KH

Tipp

Für die Füllung können Sie den Spinat auch einmal durch Rucola ersetzen und zusätzlich in Würfel geschnittenen gekochten Schinken unterrühren.

Spaghetti carbonara
mit Speck und Parmesan

Zutaten

100 g durchwachsener Räucherspeck (am Stück)
1 Knoblauchzehe
80 g Parmesan (am Stück)
400 g Spaghetti · Salz
4 sehr frische Eier
4 EL Sahne · Pfeffer
2 EL Olivenöl

Vorbereitung

Den Speck in kleine Würfel schneiden.

Den Knoblauch schälen und hacken.

Den Parmesan reiben.

Zubereitung FÜR 4 PERSONEN

1 Die Spaghetti in reichlich kochendem Salzwasser nach Packungsanweisung bissfest garen.

2 Eier, Sahne, Salz und Pfeffer mit dem Schneebesen schaumig rühren.

3 Die Hälfte des Parmesans unter die Eiersahne rühren.

4 Das Öl in einer Pfanne erhitzen und den Speck darin knusprig braten.

5 Speck aus der Pfanne nehmen und auf Küchenpapier abtropfen lassen.

6 Den Knoblauch im Speckfett unter Rühren anbraten, nicht bräunen.

7 Die Spaghetti in ein Sieb gießen und gut abtropfen lassen.

8 Die Spaghetti und den Speck in die Pfanne geben und alles gut mischen.

9 Die Eiersahne über die Nudeln gießen. Die Pfanne vom Herd nehmen und alles schnell verrühren.

Vorbereitung: 5 Minuten
Zubereitung: 20 Minuten
Nährwerte pro Person:
785 kcal, 3284 kJ,
28 g EW, 42 g F, 72 g KH

Tipp

Würze und Farbe bekommen die Spaghetti carbonara, wenn Sie noch 2 EL gehackte Kräuter (z. B. Petersilie oder Schnittlauch) untermischen.

Reis
Körner in Hülle und Fülle

Reis ist die älteste Kulturpflanze der Welt und heute das Hauptnahrungsmittel für die Hälfte der Weltbevölkerung. In Asien dreht sich alles um die kleinen Körner – kein Essen, bei dem sie nicht dampfend mit auf dem Tisch stehen. In Japan spricht man sogar von Morgen-, Mittag- und Abendreis – und meint damit Frühstück, Mittagessen und Abendbrot. Bei uns kommen die gesunden Körner noch viel zu selten auf den Tisch. Zu Unrecht! Denn Reis schmeckt nicht nur als Beilage, sondern macht auch in cremigen Risottos und würzigen Reispfannen, als Puffer, Salat oder Suppen eine gute Figur. Reis macht satt, aber nicht dick, im Gegenteil: Er hat eine entwässernde und entschlackende Wirkung. Es empfiehlt sich, häufiger Natur- und Vollkornreis zu kochen, denn diese enthalten mehr Vitamine und Mineralstoffe als geschälter, polierter weißer Reis. Auch Parboiled-Reis wird so schonend behandelt, dass seine wertvollen Inhaltsstoffe weitgehend erhalten bleiben (siehe unten). Immer beachten: Reis ist durstig. Er »vermehrt« sich beim Kochen, weil sich die Körner mit Flüssigkeit vollsaugen. Aus 150 Gramm werden beim Kochen etwa 350 Gramm, das reicht als Beilage für zwei Personen. Schnellkochreis ist bereits vorgegart und hat daher eine kürzere Garzeit.

Von weiß bis wild: das Wunder aus dem Sumpf

Weltweit gibt es Hunderte von Reissorten. Generell teilt man diese Sorten nach den Körnertypen in Langkorn- und Rundkornreis ein. Welche Kocheigenschaft Reis hat und wie er schmeckt, hängt davon ab, wie die Körner bearbeitet wurden. Die richtige Sorte für Ernährungsbewusste ist Naturreis: Bei ihm werden das Silberhäutchen, das den Kern unter der nicht essbaren Hülle schützt, und der Keim nicht abgeschliffen. So bleiben Mineralstoffe und Vitamine erhalten. Parboiled-Reis ist Langkornreis, der mithilfe von Dampf so behandelt wird, dass die Inhaltsstoffe in das Innere des Reiskorns gedrückt werden und daher beim Polieren geschützt sind.

LANGKORNREIS
Patna-Reis (aus Vorderindien) und der nordamerikanische Carolina-Reis gehören zu den populärsten langkörnigen Reissorten. Die schlanken weißen Körner werden meist in viel Wasser gegart, und da sie wenig Stärke enthalten, bleiben sie auch nach dem Abgießen schön körnig. Für Basmatireis muss man etwas tiefer in die Tasche greifen. Dafür duftet er herrlich, schmeckt wunderbar aromatisch und ist die perfekte Beilage zu asiatischen Gerichten.

RUNDKORNREIS
Die rund-ovalen Reiskörner schätzt man vor allem in Japan (für Sushi), Korea und Italien. Anders als Langkornreis enthalten sie viel Stärke, die sie beim Kochen abgeben. In Asien wird der Reis weich und klebrig gekocht, damit er an den Stäbchen haften bleibt. Für einen guten Risotto muss er dagegen noch Biss haben (die bekanntesten Sorten sind Arborio und Carnaroli). Als süßer Milchreis ist Rundkornreis auch bei uns sehr beliebt.

WILDREIS
Heißt auch Indianerreis und ist botanisch gesehen gar kein Reis, sondern der Samen einer Sumpfgrasart, die in Nordamerika und Kanada gedeiht. Da Anbau und Ernte recht mühevoll sind, ist er relativ teuer. Wildreis hat einen nussigen Geschmack und enthält mehr Eiweiß und Mineralstoffe als weißer Reis. Die Körner quellen stark auf und sind sehr ergiebig. Besonders attraktiv sind Wildreismischungen, die es auch im Kochbeutel gibt.

Reis quellen – dabei duftet's so schön

Einfacher geht's nicht! Bei dieser Garmethode ist nur wichtig, dass man Reis und Wasser im Verhältnis 1:2 abmisst und der Topf nicht zu groß ist, damit die Reiskörner den entstehenden Dampf gleichmäßig aufnehmen können. Je nach Sorte muss der Reis mit oder ohne Hitzezufuhr ausquellen.

1 2 Tassen Parboiled-Langkornreis mit 4 Tassen Wasser in einen Topf geben, aufkochen und salzen. Den Reis zugedeckt bei kleiner Hitze etwa 20 Minuten ausquellen lassen.

2 Verwendet man Basmatireis, nach dem Aufkochen den Deckel schließen und den Reis auf der ausgeschalteten Kochplatte ausquellen lassen.

3 Nach Ende der Quellzeit den Deckel abnehmen und den Reis ausdampfen lassen – die Flüssigkeit muss dann völlig aufgesogen sein. Die Reiskörner mit einer Gabel auflockern.

Reis kochen – dann klebt er bestimmt nicht

Genauso wie Nudeln kann man auch Reis in reichlich Salzwasser oder Brühe nach Packungsanweisung garen. Vor allem Parboiled-Langkornreis ist dafür gut geeignet. Nicht so ideal ist diese Garmethode für Basmatireis, da hierbei viel von den zarten Duftstoffen verloren geht.

1 In einem großen Topf 1 1/2 l Wasser mit Salz zum Kochen bringen. 200 g Reis dazugeben, aufkochen und zugedeckt bei kleiner Hitze etwa 20 Minuten garen.

2 Den Reis in ein Sieb abgießen, gut abtropfen lassen und sofort servieren. Für Salat oder Suppe den Reis kalt abschrecken, um die Stärke abzuspülen.

3 Für extralockere Körner den Reis auf einem mit Butterflöckchen belegten Backblech bei 100 °C im Ofen etwa 10 Minuten trocknen.

Reis dünsten – sorgt für ein intensives Aroma

Reis kochen wie im Orient: Mitgedünstete Gewürze wie Curry- oder Zimtpulver und feine Gemüse- oder Fleischwürfel geben dem Reis einen raffinierten Geschmack. Bestens geeignet für diese Garmethode ist Parboiled-Langkornreis.

1 Zwiebel- und Gemüsewürfel in 1 EL Öl unter Rühren andünsten. Gewürze und 2 Tassen Reis dazugeben und mitdünsten, bis der Reis glasig ist.

2 2 Tassen Gemüsebrühe angießen und alles aufkochen. Den Reis zugedeckt bei kleiner Hitze 20 Minuten ausquellen lassen.

3 Den Reis vom Herd nehmen und offen ausdampfen lassen. Mit einer Gabel auflockern und nach Belieben einige Butterflöckchen untermischen.

Risotto
mit Steinpilzen

Zutaten

25 g getrocknete Steinpilze
1 Zwiebel
1 Knoblauchzehe
70 g Parmesan (am Stück)
ca. 800 ml Fleischbrühe
50 ml trockener Weißwein
4 EL Butter
400 g Risottoreis (z. B. Arborio)
4 frische Steinpilze
1 EL Olivenöl
Salz · Pfeffer

Vorbereitung

Die getrockneten Steinpilze in einer Schüssel mit 200 ml kochendem Wasser übergießen und 15 Minuten ziehen lassen.

Die Zwiebel und den Knoblauch schälen und hacken.

50 g Parmesan reiben, den Rest mit dem Sparschäler in feine Späne hobeln.

Zubereitung FÜR 4 PERSONEN

1 Die eingeweichten Pilze abgießen, dabei das Einweichwasser auffangen. Die Pilze klein schneiden.

2 Die Brühe in einem Topf erhitzen, das Pilzwasser und den Wein hinzufügen.

3 In einem Topf 2 EL Butter zerlassen, Zwiebel und Knoblauch darin andünsten. Die Pilze dazugeben.

4 Dann den Risottoreis hinzufügen und unter Rühren glasig dünsten.

5 Etwa 2 Schöpfkellen heiße Brühe unterrühren und bei kleiner Hitze einkochen lassen.

6 Erneut Brühe angießen und so fortfahren, bis der Reis nach etwa 30 Minuten bissfest ist.

7 Die frischen Steinpilze putzen und mit Küchenpapier oder einem feuchten Tuch abreiben.

8 Die Pilze längs in Scheiben schneiden. In je 1 EL Butter und Öl braten, mit Salz und Pfeffer würzen.

9 Geriebenen Käse und 1 EL Butter unter den Reis rühren. Mit Parmesanspänen und Pilzen anrichten.

Vorbereitung: 15 Minuten
Zubereitung: 50 Minuten
Nährwerte pro Person:
555 kcal, 2325 kJ,
18 g EW, 15 g F, 80 g KH

Tipp

Beim Risottokochen sollten Sie nur heiße Brühe angießen. So wird der Kochvorgang nicht unterbrochen und der Reis kann gleichmäßig garen.

Blitz-Paella
mit Cabanossi

Zutaten

200 g Stangensellerie
1 Zwiebel
2 Knoblauchzehen
270 g Hähnchenbrustfilet
350 g gemischte Meeresfrüchte (tiefgekühlt)
2 rote Paprikaschoten
100 g Cabanossi
3 EL Öl
0,2 g Safranfäden
300 g Schnellkoch-Reis
1/4 l trockener Weißwein
1/4 l Hühnerbrühe
2 EL Zitronensaft
Salz · Pfeffer

Vorbereitung

Sellerie putzen, waschen und in Scheiben schneiden.

Die Zwiebel und den Knoblauch schälen und hacken.

Das Hähnchenbrustfilet waschen und trocken tupfen.

Die gemischten Meeresfrüchte in einem Sieb mit heißem Wasser abbrausen und gut abtropfen lassen.

Vorbereitung: 5 Minuten
Zubereitung: 20 Minuten
Nährwerte pro Person:
645 kcal, 2700 kJ,
43 g EW, 17 g F, 69 g KH

Zubereitung FÜR 4 PERSONEN

1 Die Paprikaschoten längs halbieren, entkernen, waschen und klein schneiden.

2 Das Hähnchenbrustfilet in Streifen, die Cabanossi in Scheiben schneiden.

3 Das Öl in einer großen Pfanne erhitzen. Das Hähnchenfleisch darin braten und herausnehmen.

4 Zwiebeln und Knoblauch in die Pfanne geben und unter Rühren andünsten.

5 Paprika und Sellerie hinzufügen und kurz mitdünsten.

6 Die Safranfäden unter das Gemüse rühren.

7 Den Reis dazugeben und unter Rühren andünsten, bis er glasig ist.

8 Den Gemüsereis mit Wein und Brühe ablöschen, den Zitronensaft dazugeben.

9 Hähnchen, Wurst und Meeresfrüchte unterrühren. Salzen, pfeffern und 8 Minuten garen.

Tipp

Ganz nach Geschmack kann man die Hühnerbrühe durch Fleischbrühe oder Fischfond ersetzen. Für zusätzliche Frische die Paella mit Zitronenspalten servieren.

Fisch
Garantiert ein guter Fang

Nicht nur am Freitag ist Fischtag, denn Fisch erfreut sich auch bei uns immer größerer Beliebtheit. Zum Glück, denn Fisch ist ein wertvolles Nahrungsmittel, eiweißreich, fettarm und leicht verdaulich – ideal für die moderne Ernährung. Er eignet sich für alle Zubereitungsarten und steht meist ruck, zuck auf dem Tisch. Nichts ist unkomplizierter und raffinierter als ein Fischgericht – vorausgesetzt, die Qualität stimmt! Nur ein frischer Fisch ist ein guter Fisch. Aber mit den heutigen Kühl- und Transportmöglichkeiten ist es kein Problem mehr, auch fern der Küsten beste Qualität zu finden. Vor allem wenn man beim Einkauf kritisch ist und ein paar Regeln beachtet: Frischer Fisch hat einen angenehmen Geruch nach Meer und Seeluft. Riecht er penetrant, ist dies ein Indiz für zu lange Lagerung, schlechte Kühlung und mindere Qualität. Ganze Fische glänzen natürlich: Die Schleimhautschicht auf der Haut ist klar und durchsichtig, die Schuppen sitzen fest und glänzen silbrig. Die Fischaugen müssen prall und klar sein. Das Fleisch sollte fest, aber elastisch sein. Drückt man es mit dem Finger leicht ein, darf keine Delle zurückbleiben. Gute Fischfilets erkennt man daran, dass sie festes Fleisch haben und am Rand weder vertrocknet noch verfärbt sind.

Garnelen putzen und Fisch filetieren

Auch wenn man ganze Fische nur kurz aufbewahren möchte, gilt: Sie müssen zuerst ausgenommen und die Bauchhöhle gründlich gewaschen werden. Deckt man sie dann mit Klarsichtfolie ab, halten sie sich im Kühlschrank bis zu 2 Tage. Wer nicht gern bei Tisch das Fleisch von den Gräten löst, sollte Fische wie Forelle oder Saibling vor der Zubereitung filetieren. Echte Küchen-Favoriten sind bei uns Garnelen, die man schon geschält (und tiefgekühlt) kaufen kann. Aber keine Angst: Die Panzer selbst aufzubrechen ist auch kein Problem. Den Darm sollte man beim Putzen gleich mit entfernen. Beim Garen wird er weich und lässt sich dann nur noch schwer herausziehen.

1 Garnele oder Scampo an Kopf und Schwanz fassen und mit einer Drehbewegung den Kopf abtrennen.

2 Die Unterseite des Panzers mit beiden Händen auseinanderbrechen und das Fleisch herausdrücken.

3 Die Garnelen am Rücken so tief einschneiden, dass man den schwarzen Darm entfernen kann.

1 Fisch auf ein Küchenbrett legen und den Kopf mit einem scharfen Messer direkt hinter den Kiemen abschneiden.

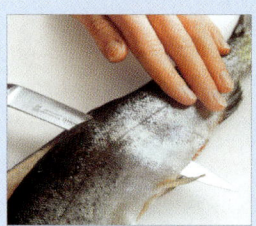

2 Den Rücken mit dem Filetiermesser längs einschneiden und zunächst eine Fleischseite von der Mittelgräte lösen.

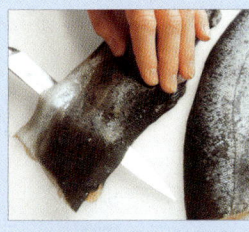

3 Den Fisch wenden und die zweite Seite von der Mittelgräte lösen. Kleinere Gräten mit der Pinzette herausziehen.

Fisch blau kochen – in Essig gebadet

Beim »Blaukochen« bekommen Forellen (bzw. Saiblinge oder Karpfen) keinen Schwips. Vielmehr verfärbt sich die klare Schleimschicht, von der diese Fische umgeben sind, beim Pochieren blau – ein Effekt, der durch Essigwasser verstärkt wird. Die Blaufärbung gelingt allerdings nur, wenn die Schleimschicht unversehrt ist. Die Fische deshalb vorher nicht waschen.

1 In einem Topf Suppengemüse mit 2½ l Wasser und 100 ml Essig aufkochen. 2 EL Salz, Kräuter, und weiße Pfefferkörner dazugeben und den Sud 30 Minuten köcheln lassen.

2 Beispielsweise bei 4 küchenfertigen Forellen (à 250 g) mithilfe einer Dressiernadel Küchengarn durch Schwanz und Kiemendeckel ziehen und gut verknoten.

3 Die Forellen auf einem Siebeinsatz in den siedenden Sud geben und bei kleiner Hitze 12 bis 15 Minuten pochieren. Mit flüssiger Butter und Zitronenspalten servieren.

Fisch in Salzkruste – mit Salz ummantelt

Das Garen im Salzmantel ist eine ideale Zubereitungsmethode für edle ganze Fische wie Lachsforelle oder Dorade. Der Salzteig bewahrt den Eigengeschmack und das Aroma des Fischs, das Fleisch wird wunderbar zart und saftig. Den Fisch nach dem Filetieren mit etwas Olivenöl, Salz und Pfeffer würzen – so schmeckt er besonders fein!

1 In einer großen Schüssel 5 Eiweiße schaumig schlagen, 1½ kg Meersalz, 3 EL Mehl und 3 EL Speisestärke unterrühren.

2 Die Häfte der Masse auf ein Backblech geben. Den Fisch auf den Salzsockel legen und mit dem restlichen Salz bedecken.

3 Den Fisch im vorgeheizten Ofen bei 250 °C etwa 30 Minuten garen. Die Salzkruste erst am Tisch öffnen oder aufklopfen.

Fischfilet panieren – in goldbrauner Kruste

Ob man Fischfilets paniert oder nicht, ist Geschmackssache. Viele genießen das aromatische Fischfleisch lieber pur, andere bevorzugen den knusprigen Bröselmantel. Nützlich ist die Panade z.B. bei Seelachs- oder Rotbarschfilets, denn sie sorgt dafür, dass der Fisch beim Braten in Form bleibt und nicht in der Pfanne zerfällt.

1 2 Fischfilets waschen und trocken tupfen. Salzen und in etwa 1½ EL Mehl wenden. Überschüssiges Mehl abklopfen.

2 In einem tiefen Teller 1 Ei verquirlen. Die leicht mehlierten Fischfilets durch das Ei ziehen.

3 Die Fischfilets zuletzt in 3 EL Paniermehl wälzen und die Panade gut andrücken. Die Filets in Öl oder Butterschmalz braten.

Knoblauchgarnelen
mit gebratenen Zucchini

Zutaten

12–16 Riesengarnelen

2 Zucchini

3 Knoblauchzehen

½ Bund Basilikum

1 Rosmarinzweig

2–3 Thymianzweige

1 rote Peperoni

1 unbehandelte Zitrone

8–10 EL Olivenöl

2–3 EL Mehl

Salz · Pfeffer

2 EL Weißweinessig

Vorbereitung

Die Riesengarnelen aus der Schale lösen und den Darm entfernen. Kalt abbrausen und trocken tupfen.

Die Zucchini putzen, waschen und in möglichst dünne Scheiben schneiden.

Den Knoblauch schälen, 2 Zehen in feine Scheiben schneiden.

Kräuter waschen, trocken schütteln und die Blätter bzw. Nadeln abzupfen. Die Basilikumblätter in feine Streifen schneiden.

Vorbereitung: 10 Minuten
Zubereitung: 40 Minuten
Nährwerte pro Person:
485 kcal, 2020 kJ,
40 g EW, 28 g F, 15 g KH

Zubereitung FÜR 4 PERSONEN

1 Die Peperoni längs halbieren, entkernen, waschen und in feine Streifen schneiden.

2 Zitrone heiß waschen, trocken reiben und in dünne Scheiben schneiden.

3 Peperoni, Knoblauchscheiben, Rosmarin und Thymian in 4 EL Öl braten, aus der Pfanne nehmen.

4 Das Mehl in einen tiefen Teller geben. Die Garnelen mit Salz und Pfeffer würzen und darin wenden.

5 Die Garnelen in die Pfanne geben und im verbliebenen Würzöl auf jeder Seite 2 Minuten braten.

6 2 Zitronenscheiben kurz mitbraten, zuletzt Peperoni, Rosmarin, Thymian und Knoblauch dazugeben.

7 In einer zweiten Pfanne 2 bis 4 EL Öl erhitzen und die Zucchinischeiben darin portionsweise braten.

8 2 EL Öl, Essig und Basilikum verrühren, den restlichen Knoblauch dazupressen, salzen und pfeffern.

9 Die Marinade über die gebratenen Zucchini träufeln und zu den Knoblauchgarnelen servieren.

Tipp

Die Garnelen werden noch würziger, wenn man sie vor dem Braten in etwas Zitronensaft, Olivenöl und 1 durchgepressten Knoblauchzehe mariniert.

Fischpfanne
mit Möhren und Fenchel

Zutaten

4 Möhren

2 kleine Fenchelknollen

4 Frühlingszwiebeln

4 Tomaten

2 EL Öl

1 Knoblauchzehe

Salz · Pfeffer

300 ml Gemüsebrühe

4 EL Crème fraîche

600 g Rotbarschfilet

2 EL Zitronensaft

Vorbereitung

Die Möhren putzen, schälen und schräg in dünne Scheiben schneiden.

Fenchel und Frühlingszwiebeln putzen und waschen.

Die Tomaten überbrühen, häuten, vierteln, entkernen und in Spalten schneiden.

Vorbereitung: 15 Minuten
Zubereitung: 25 Minuten
Nährwerte pro Person:
325 kcal, 1370 kJ,
33 g EW, 16 g F, 11 g KH

Zubereitung FÜR 4 PERSONEN

1 Die Fenchelknollen längs halbieren und den Strunk entfernen. Den Fenchel in dünne Spalten schneiden.

2 Frühlingszwiebeln in feine Ringe schneiden, etwas Zwiebelgrün für die Deko beiseitelegen.

3 Das Öl in einer Pfanne erhitzen, Möhren, Fenchel und Frühlingszwiebeln darin anbraten.

4 Den Knoblauch schälen und dazupressen. Das Gemüse mit Salz und Pfeffer kräftig würzen.

5 Die Brühe angießen und die Crème fraîche unter das Gemüse rühren.

6 Alles offen bei mittlerer Hitze 3 bis 4 Minuten köcheln lassen.

7 Das Fischfilet waschen, trocken tupfen, in größere Stücke schneiden und mit Salz und Pfeffer würzen.

8 Die Fischstücke auf das Gemüse geben, mit Zitronensaft beträufeln und zugedeckt 5 Minuten garen.

9 Kurz vor Garzeitende die Tomatenspalten dazugeben. Mit dem Frühlingszwiebelgrün bestreuen.

Tipp

Mit etwas Anislikör (z. B. Pernod) bekommt die Sauce zusätzlich einen raffinierten Aroma-Kick. Zu der Fischpfanne passen Kartoffeln, Reis oder Weißbrot.

Miesmuscheln
in Weißweinsud

Zutaten

4 kg Miesmuscheln
3 Zwiebeln
1 Lauchstange
3 Möhren
1 Bund Petersilie
1 EL Butter
¼ l trockener Weißwein
Salz · Pfeffer

Vorbereitung

Die Muscheln sortieren. Dabei offene Muscheln, die sich bei Berührung nicht schließen, unbedingt wegwerfen!

Die Zwiebeln schälen und hacken.

Lauch und Möhren putzen, waschen bzw. schälen und klein schneiden.

Die Petersilie waschen und trocken schütteln, die Blätter abzupfen und hacken.

Zubereitung FÜR 4 PERSONEN

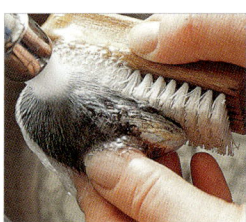

1 Die Muscheln unter fließendem kaltem Wasser sauber bürsten, die Muschelbärte abschneiden.

2 Die Muscheln 20 Minuten in kaltes Wasser legen, damit sie sich vom Sand reinigen.

3 Die Butter in einem Topf zerlassen und die Zwiebeln darin andünsten.

4 Das Gemüse hinzufügen und kurz mitdünsten, dann die Petersilie unterrühren.

5 Mit ¼ l Wasser und dem Wein auffüllen, den Sud mit Salz und Pfeffer kräftig würzen.

6 Die Muscheln auf einem Sieb gut abtropfen lassen. Die Herdplatte auf große Hitze schalten.

7 Den Sud aufkochen lassen und die Miesmuscheln darin etwa 8 Minuten garen, bis sie sich öffnen.

8 Die Muscheln abtropfen lassen, geschlossene Muscheln aussortieren. Den Sud einköcheln lassen.

9 Eine leere Muschelschale als Esswerkzeug benutzen, den Sud mit Weißbrot auftunken.

Vorbereitung: 45 Minuten
Zubereitung: 1 Stunde
(inklusive Wässern)
Nährwerte pro Person:
645 kcal, 2700 kJ,
101 g EW, 18 g F, 8 g KH

Tipp

Sie können den Sud mit den Muscheln in tiefen Tellern anrichten oder ihn separat dazu servieren. Zu den Muscheln passen knuspriges Weißbrot und ein trockener Weißwein.

Fischröllchen
mit Safran und Äpfeln

Zutaten

8 doppelte Schollenfilets (à 100 g)
Salz · ½ Bund Dill
1 rotschaliger Apfel (z.B. Braeburn)
6 EL Sahne
0,1 g Safranfäden
weißer Pfeffer
1 EL Öl
200 ml trockener Weißwein
75 g Crème fraîche

Vorbereitung

Die Schollenfilets waschen und trocken tupfen. 2 doppelte Filets klein schneiden, mit 1 TL Salz mischen und abgedeckt etwa 30 Minuten ins Gefrierfach stellen.

Dill waschen und trocken schütteln. Einige Dillspitzen für die Deko beiseitelegen, den Rest hacken.

Den Apfel waschen, vierteln, entkernen und längs in dünne Spalten schneiden.

Zubereitung FÜR 4 PERSONEN

1 In einem kleinen Topf 4 EL Sahne erwärmen und die Safranfäden darin auflösen.

2 Die angefrorenen Fischfilets mit 2 EL Sahne im Blitzhacker fein pürieren.

3 Fischfarce, Dill und Safransahne verrühren, mit wenig Pfeffer würzen.

4 Die restlichen doppelten Fischfilets jeweils längs halbieren und mit Salz und Pfeffer würzen.

5 Jeweils auf die Hautseite etwas Fischfarce streichen und die Filets vom dicken Ende her aufrollen.

6 Das Öl in einer Pfanne erhitzen. Röllchen dazugeben, Wein angießen, zugedeckt 7 Minuten garen.

7 Die Fischröllchen aus der Pfanne nehmen und in Alufolie gewickelt warm halten.

8 Die Crème fraîche in den Weinsud rühren.

9 Die Apfelstücke in die Sauce geben und etwa 2 Minuten sanft darin köcheln lassen.

Vorbereitung: 10 Minuten
Gefrierzeit: 30 Minuten
Zubereitung: 45 Minuten
Nährwerte pro Person:
480 kcal, 2010 kJ,
49 g EW, 22 g F, 13 g KH

Tipp

Die Fischröllchen mit der Weinsauce und den Äpfeln anrichten und nach Belieben mit Dill und Safran garnieren. Dazu passt am besten Reis.

Forelle in Folie
mit Kräutern und Tomaten

Zutaten

4 Tomaten
1 Bund Frühlingszwiebeln
1 Knoblauchzehe
je 1 Bund Petersilie,
Basilikum und Estragon
4 küchenfertige Forellen
(à ca. 500 g)
1 Zitrone
Salz · Pfeffer
ca. 4 EL weiche Butter

Vorbereitung

Die Tomaten überbrühen, häuten, vierteln und entkernen.

Die Frühlingszwiebeln putzen, waschen und in feine Ringe schneiden.

Den Knoblauch schälen und hacken.

Die Kräuter waschen und trocken schütteln, die Blätter abzupfen und hacken.

Den Backofen auf 200 °C vorheizen.

Zubereitung FÜR 4 PERSONEN

1 Die ausgenommenen Forellen von innen am Rückgrat entlang mit einem Messer aufritzen.

2 Die Bauchhöhle der Fische unter fließendem kaltem Wasser gründlich ausspülen.

3 Die Zitrone auspressen. Forellen mit Küchenpapier trocken tupfen und innen mit dem Saft beträufeln.

4 Die Forellen innen und außen mit Salz und Pfeffer einreiben.

5 Alufolie in 4 ausreichend große Stücke schneiden, auf der glänzenden Seite mit Butter bestreichen.

6 Die Tomatenviertel in die Bauchhöhlen der Forellen verteilen.

7 Frühlingszwiebeln und Knoblauch ebenfalls in die Bauchöffnungen füllen.

8 Die gehackten Kräuter und 2 EL Butterflöckchen über die Fische geben.

9 Die Forellen fest in die Aluolie einschlagen und im Ofen auf dem Rost etwa 30 Minuten garen.

Vorbereitung: 20 Minuten
Zubereitung: 20 Minuten
Garzeit: 30 Minuten
Nährwerte pro Person:
650 kcal, 2715 kJ,
100 g EW, 24 g F, 8 g KH

Tipp

Zusätzliche Würze bekommen die Fische, wenn man die Folie statt mit Butter mit Knoblauchbutter bestreicht. Zu den Forellen passen am besten Kartoffeln.

Lachskotelett
mit Ingwer-Kräuter-Kruste

Zutaten

1 unbehandelte Limette
10 g Ingwer
1 Bund Koriander
2 Thymianzweige
5 Salbeiblätter
1 TL Dijon-Senf
Salz · Pfeffer
6 EL Öl
4 Lachskoteletts
(à 150 g)
250 g Basmatireis
1 EL Butter

Vorbereitung

Die Limette heiß waschen und trocken reiben. Für die Deko die Schale mit dem Zestenreißer abziehen. Die Limette auspressen.

Ingwer schälen und hacken.

Die Kräuter waschen und trocken schütteln oder tupfen. Einige Korianderblätter für die Deko beiseitelegen, die restlichen Kräuterblätter hacken.

Zubereitung FÜR 4 PERSONEN

1 Senf, Ingwer, 1/2 TL Salz und etwas Pfeffer in eine kleine Schüssel geben.

2 Nach und nach das Öl dazugießen und mit dem Schneebesen unterrühren.

3 Zuletzt 4 EL Limettensaft, 2 EL Wasser und die Kräuter unterrühren.

4 Die Lachskoteletts waschen, mit Küchenpapier trocken tupfen und in eine ofenfeste Form setzen.

5 Die Lachskoteletts mit der Marinade übergießen und etwa 30 Minuten ziehen lassen.

6 Den Reis in 1 l kochendes Salzwasser geben und 8 Minuten garen.

7 Den Reis auf einem Sieb abtropfen lassen. Den Backofengrill einschalten.

8 Den Reis zurück in den Topf geben und die Butter hinzufügen. Weitere 8 Minuten zugedeckt dämpfen.

9 Die Lachskoteletts im Ofen auf der 2. Schiene von unten etwa 12 Minuten grillen.

Vorbereitung: 15 Minuten
Zubereitung: 20 Minuten
Marinierzeit: 30 Minuten
Nährwerte pro Person:
580 kcal, 2420 kJ,
32 g EW, 27 g F, 50 g KH

Tipp

Für den echten Asia-Style: Die Lachskoteletts zum Servieren mit Limettenzesten garnieren und den Reis nach Belieben mit Sesamöl beträufeln.

Rotbarben in Parmaschinken

Zutaten

8 kleine Rotbarben
(à etwa 150 g)
2 Knoblauchzehen
1 Rosmarinzweig
1 Bund Petersilie
1 unbehandelte Zitrone
70–80 g Paniermehl
Salz · Pfeffer
8 dünne Scheiben Parmaschinken
6 EL Olivenöl

Vorbereitung

Falls nötig, die Rotbarben mit dem Messerrücken vorsichtig von der Schwanzflosse zum Kopf hin schuppen. Innen und außen waschen und mit Küchenpapier trocken tupfen.

Den Knoblauch schälen und hacken.

Den Rosmarin waschen, die Nadeln abstreifen und grob hacken.

Die Petersilie waschen und trocken schütteln, die Blätter abzupfen und hacken.

Zubereitung FÜR 4 PERSONEN

1 Zitrone heiß waschen und trocken reiben. Etwas Schale abreiben und die Zitrone auspressen.

2 Zitronensaft und -schale mit dem Knoblauch und dem Rosmarin mischen.

3 Die Rotbarben mit der Zitronenmarinade übergießen und etwa 30 Minuten ziehen lassen.

4 Petersilie und Paniermehl in einem tiefen Teller mischen. Den Backofen auf 180 °C vorheizen.

5 Die Rotbarben aus der Marinade nehmen und leicht trocken tupfen. Mit Salz und Pfeffer würzen.

6 Die Fische nacheinander im Kräuter-Paniermehl-Mix wenden.

7 Die Rotbarben jeweils mit 1 Scheibe Parmaschinken umwickeln.

8 Die Fische nebeneinander auf das Backblech legen.

9 Mit dem Öl beträufeln und im Ofen etwa 20 Minuten garen.

Vorbereitung: 30 Minuten
Zubereitung: 40 Minuten
Marinierzeit: 30 Minuten
Nährwerte pro Person:
760 kcal, 3190 kJ,
67 g EW, 47 g F, 17 g KH

Tipp

Als Beilage 800 g blanchierten Blattspinat mit einigen Knoblauchscheiben und 3 gehackten Sardellenfilets in Olivenöl dünsten. Mit Salz und Pfeffer würzen.

Maki-Sushi
in dreierlei Variationen

Zutaten

250 g Sushi-Reis

80 g Salatgurke

3 EL Reisessig

1 1/2 EL Zucker · Salz

1 kleines Stück Kombu

150 ml Sojasauce

1 EL Bonito-Flocken

je 125 g Lachs- und Thunfischfilet (Sushi-Qualität)

6–8 Nori-Blätter

ca. 2 TL Wasabi

Vorbereitung

Den Sushi-Reis in einem Sieb so lange waschen, bis das Wasser klar abläuft. Den Reis kurz abtropfen lassen, in einem Topf mit 1/2 l Wasser aufkochen und zugedeckt bei kleinster Hitze 25 Minuten quellen lassen. Dabei ein Handtuch zwischen Topf und Deckel klemmen.

Die Salatgurke waschen, längs halbieren und mit einem Löffel die Kerne entfernen. Die Gurkenhälften in etwa 1 cm breite Streifen schneiden.

Vorbereitung: 30 Minuten
Zubereitung: 45 Minuten
Nährwerte pro Person:
415 kcal, 1740 kJ,
22 g EW, 10 g F, 58 g KH

Zubereitung FÜR 4 PERSONEN

1 Essig, Zucker, 1 TL Salz und Kombu für die Reismarinade aufkochen und durch ein Sieb gießen.

2 Für die Sushi-Sauce die Sojasauce mit 50 ml Wasser und den Bonito-Flocken aufkochen.

3 Die Fischfilets waschen, mit Küchenpapier trocken tupfen und in dünne Streifen schneiden.

4 Den abgekühlten Reis in eine Schüssel umfüllen und die Reismarinade vorsichtig unterrühren.

5 Jeweils 1 Noriblatt auf die Bambusmatte legen und 1/2 cm Reis auf das untere Drittel verteilen.

6 In die Reismitte eine kleine Rille drücken und diese dünn mit Wasabi bestreichen.

7 Gurken- und Lachs- oder Thunfischstreifen in die Rille legen.

8 Das Nori-Blatt mithilfe der Matte von unter her fest aufrollen. Die Matte entfernen.

9 Die Rollen mit einem sehr scharfen Messer in Stücke schneiden und mit der Sushi-Sauce servieren.

Tipp

Ausgefallene Zutaten wie Bonito-Flocken (Thunfischflocken), Kombu (eine dunkelgrüne Alge) und Nori-Blätter bekommt man im Asienladen.

Fleisch
Die neue Lust auf Qualität

Fleisch ist an und für sich ein wirklich gesundes Lebensmittel: Es enthält hochwertiges Eiweiß, Eisen, Vitamine und Spurenelemente. Doch BSE, Schweinepest, Antibiotika und Salmonellen im Geflügel haben seinem Ruf schwer geschadet. Was tun? Ganz auf Fleisch verzichten? Das muss trotz aller Skandale nicht sein! Lieber den Fleischkonsum reduzieren und die Qualität steigern: Also nach zwei, drei fleischlosen Tagen ein wirklich gutes Stück beim Metzger oder Biobauern kaufen und so auf Nummer sicher gehen! Weg von der Massenware, hin zum bewussten Genuss, lautet die Devise. Man sieht den Unterschied nicht nur, man schmeckt ihn auch! Hat man sich beim Einkauf kompetent beraten lassen und über die Herkunft des Fleischs informiert, sind der Fantasie bei der Zubereitung keine Grenzen gesetzt. Ob gebraten, kurz im Wok geschwenkt oder in aller Ruhe im Ofen geschmort, ob Großmutters Schweinebraten, amerikanische Chicken Wings oder mediterraner Klassiker: In der Fleischküche ist für jeden Geschmack und Zeitaufwand etwas dabei. Und ein gutes Stück Tradition kommt bei der »neuen Fleischeslust« auch zum Tragen, schließlich lockte ein köstlicher duftender Sonntagsbraten schon vor Generationen Familie und Freunde an den Tisch.

Welches Fleisch für welche Zubereitungsart?

Fleisch lässt sich auf die verschiedensten Arten zubereiten. Da ist es gut zu wissen, welches Fleischstück sich am besten für welche Zubereitungsmethode eignet. Und ein paar Grundregeln sollte man auch beherzigen: So ist es sinnvoll, große Braten vor dem Garen kurz unter fließendem kaltem Wasser zu waschen und trocken zu tupfen. Auf diese Weise werden mögliche Knochensplitter entfernt. Bei kleinen Fleischstücken reicht es, sie mit Küchenpapier abzutupfen. Wichtig: Sämtliche Küchengeräte, die mit rohem Geflügel in Kontakt gekommen sind, sofort gründlich reinigen. Dann haben Salmonellen keine Chance!

ZUM KOCHEN
Für diese Zubereitungsart darf man ruhig das etwas faserige Fleisch ausgewachsener Tiere verwenden, z. B. vom Rind oder Geflügel (Suppenhuhn). Die lange Garzeit ist quasi Garant für ein gutes Ergebnis. Ausnahmen bestätigen allerdings auch hier die Regel: Tafelspitz (aus der Rinderhüfte) und pochiertes Kalbsfilet sind die gekochten »high end«-Versionen. Für alle gilt: Das Fleisch immer erst ins kochende Wasser legen, damit es nicht auslaugt.

ZUM KURZBRATEN
Für die schnellste Art, Fleisch zuzubereiten, eignen sich nur magere, kleinere Fleischstücke mit feiner Faser wie Kotelett, Steak und Schnitzel. Das Fleisch sollte einen gewissen Reifegrad haben, sprich abgehangen sein. In der Pfanne gebratene Steaks immer erst nach dem Braten würzen, sonst verlieren sie zu viel Saft und werden trocken und zäh. Als Geflügel sind Enten-, Puten- und Hähnchenbrust für die Pfanne geeignet.

ZUM SCHMOREN
Hier fällt die Wahl leichter, denn für diese Zubereitungsart sind praktisch alle Fleischarten zu empfehlen. Vor allem aber Stücke mit einer eher längeren Garzeit wie Bratenstücke bis 1 kg, Rouladen (aus der Oberschale), Gulasch und Ragout. Vom scharfen Anbraten im Topf (mit Gemüse), der Zugabe von Flüssigkeit (Brühe und/oder Wein) und dem langen, sanften Schmoren im geschlossenen Topf profitiert vor allem eine: die Sauce!

Steaks – auf den Punkt gebraten

Steaks perfekt zu braten ist keine Hexerei. Je nachdem, ob das Fleisch blutig, medium oder well done sein soll, beträgt die Garzeit 2, 3 bis 4 oder 5 Minuten pro Seite.

Das braucht man:
2 EL Öl
4 Scheiben Rinderfilet
2 EL flüssige Butter
Salz · Pfeffer

1 Das Öl in einer Pfanne stark erhitzen und die Steaks (ca. 4 cm dick) darin 1 Minute scharf anbraten.

2 Die Steaks wenden und die andere Seite ebenfalls 1 Minute anbraten. Die Hitze auf mittlere Stufe reduzieren.

3 Jede Seite weitere 2 Minuten braten. Mit Butter begießen, pro Seite 1 Minute weiterbraten. Mit Salz und Pfeffer würzen.

Gulasch – gut Ding braucht Weile

Nach ungarischem Vorbild schmoren Rindfleisch und Zwiebeln mit reichlich Paprikapulver in etwas Fleischbrühe sanft vor sich hin.

Das braucht man:
800 g Rindergulasch
Salz · Pfeffer
800 g Zwiebeln
1 Kartoffel · 4 EL Öl
1 ½ EL Paprikapulver
Kümmel · ½ l Fleischbrühe

1 Fettreste vom Fleisch entfernen, Fleischwürfel salzen und pfeffern. Zwiebeln schälen und in Scheiben schneiden. Kartoffel schälen und fein würfeln.

2 Das Öl in einem Bratentopf erhitzen und die Zwiebeln darin andünsten. Die Fleischwürfel hinzufügen und anbraten. Zugedeckt 10 Minuten garen.

3 Kartoffelwürfel und Gewürze kurz mitgaren, mit Brühe aufgießen und zugedeckt bei kleiner Hitze 1 ½ Stunden schmoren. Hin und wieder umrühren.

Brathähnchen – im eigenen Saft geschmort

Brathähnchen sind eine prima Alternative zu Grillhähnchen, und eine leckere Sauce wird automatisch mitgeliefert.

Das braucht man:
1 Hähnchen (1,2 kg)
Salz · Pfeffer · 5 EL Butter
1 Bund Petersilie
1 Möhre · 1 Zwiebel
je ⅛ l trockener Weißwein und Hühnerbrühe

1 Den Backofen auf 200 °C vorheizen. Hähnchen würzen, Flügel und Keulen zusammenbinden. Die Butter in einem Bräter zerlassen, das Hähnchen darin rundum anbraten.

2 Gehackte Petersilie und zerkleinertes Gemüse dazugeben und anbraten. Mit Wein und Brühe ablöschen. Im Ofen knapp 1 Stunde braten, dabei einmal wenden.

3 Hähnchen während des Bratens häufiger mit Bratensaft und Brühe begießen. Zuletzt nach Belieben 2 EL Crème fraîche in den Bratenfond geben und einkochen lassen.

Knoblauchhähnchen
mit Zitronen und Kartoffeln

Zutaten

4 Hähnchenkeulen
2 Knoblauchzehen
12–14 festkochende Kartoffeln (ca. 800 g)
2 Zwiebeln
1 unbehandelte Zitrone
1 Bund Thymian
8 EL Öl
Salz · Pfeffer
2 TL Dijon-Senf

Vorbereitung

Den Backofen auf 200 °C vorheizen.

Die Hähnchenkeulen waschen und trocken tupfen.

Knoblauch schälen und in feine Scheiben schneiden.

Die Kartoffeln unter fließendem kaltem Wasser gründlich abbürsten.

Die Zwiebeln schälen.

Die Zitrone heiß waschen und trocken reiben.

Thymian waschen, trocken schütteln und die Blättchen abzupfen.

Vorbereitung: 20 Minuten
Zubereitung: 15 Minuten
Garzeit: 50 Minuten
Nährwerte pro Person:
715 kcal, 3000 kJ,
42 g EW, 43 g F, 3 g KH

Zubereitung FÜR 4 PERSONEN

1 Die Hähnchenkeulen im Gelenk mit einem scharfen Messer in Ober- und Unterkeule zerteilen.

2 Unter die Hähnchenhaut die Hälfte der Knoblauchscheiben schieben. Keulen mit 2 EL Öl einreiben.

3 Die Hähnchenkeulen salzen, pfeffern und auf der 2. Schiene von unten im Ofen 15 Minuten garen.

4 Die Kartoffeln längs vierteln, die Zwiebeln in Spalten schneiden.

5 Die Zitrone quer halbieren. Eine Hälfte in Scheiben schneiden, die andere auspressen.

6 Senf, Zitronensaft und 6 EL Öl in einer großen Schüssel mit dem Schneebesen verrühren.

7 Thymian und restlichen Knoblauch unterrühren. Die Marinade kräftig mit Salz und Pfeffer würzen.

8 Dann Kartoffeln, Zwiebeln und Zitronenscheiben untermischen.

9 Zum Fleisch auf das Backblech geben und auf der 2. Schiene von unten im Ofen 35 Minuten garen.

Tipp

Damit die Haut der Hähnchenkeulen schön knusprig wird, sollte man das Fleisch zuletzt unter dem Backofengrill 3 bis 5 Minuten goldbraun grillen.

Chicken Wings
mit Chilisauce

Zutaten

1 kg Hähnchenflügel
Fett für das Blech
Salz · Pfeffer
1 Orange
3 EL rote Chilisauce »for chicken«
2 Frühlingszwiebeln
15 g Ingwer
ca. 1 EL helle Sojasauce

Vorbereitung

Hähnchenflügel waschen, mit Küchenpapier trocken tupfen.

Den Backofengrill einschalten und das Backblech einfetten.

Zubereitung FÜR 4 PERSONEN

1 Von den Hähnchenflügeln mit einer Schere die Spitzen abschneiden und anderweitig verwenden.

2 Die Flügel mit einem scharfen Messer jeweils im Gelenk durchtrennen. Salzen und pfeffern.

3 Die Flügel auf dem Backblech verteilen, im Ofen auf der mittleren Schiene etwa 20 Minuten grillen.

4 Die Orange auspressen und den Saft mit der Chilisauce verrühren.

5 Die Frühlingszwiebeln putzen, waschen und hacken.

6 Den Ingwer schälen und ebenfalls hacken.

7 Frühlingszwiebeln, Ingwer und Sojasauce unter die Chilisauce rühren.

8 Die Hähnchenflügel aus dem Ofen nehmen und in eine Schüssel geben.

9 Die Chicken Wings mit 1 EL Chilisauce mischen. Die restliche Sauce separat dazu servieren.

Vorbereitung: 5 Minuten
Zubereitung: 25 Minuten
Nährwerte pro Person:
565 kcal, 2370 kJ,
42 g EW, 40 g F, 10 g KH

Tipp

Chicken Wings gehören zu den absoluten Barbecue-Klassikern: Im Sommer kann man die knusprigen Hähnchenflügel natürlich auch auf dem Gartengrill zubereiten.

Wiener Schnitzel
mit Gurkensalat

Zutaten

1 große Salatgurke
2–3 Frühlingszwiebeln
1 unbehandelte Zitrone
ca. 4 EL Mehl · 2 Eier
ca. 150 g Paniermehl
7 EL Sonnenblumenöl
Salz · Pfeffer · Zucker
4 Kalbsschnitzel (à 200 g)
4 EL Butter

Vorbereitung

Die Salatgurke waschen, längs halbieren und mit einem Löffel die Kerne entfernen. Die Gurkenhälften in Scheiben schneiden.

Frühlingszwiebeln putzen, waschen und in 5 cm lange, feine Streifen schneiden.

Die Zitrone heiß waschen, trocken reiben und 1 TL Schale abreiben. Eine Zitronenhälfte auspressen, die andere für die Deko in Spalten schneiden.

Das Mehl, die verquirlten Eier und das Paniermehl jeweils in tiefe Teller geben.

Vorbereitung: 15 Minuten
Zubereitung: 45 Minuten
Nährwerte pro Person:
460 kcal, 1930 kJ,
48 g EW, 25 g F, 12 g KH

Zubereitung FÜR 4 PERSONEN

1 Die Gurkenscheiben in einer Schüssel mit 1/2 TL Salz mischen und etwa 30 Minuten ziehen lassen.

2 Die Gurkenscheiben kalt abbrausen und abtropfen lassen. Mit den Frühlingszwiebeln mischen.

3 Dann 1 EL Zitronensaft und 3 EL Öl untermischen. Mit Zitronenschale, Salz, Pfeffer und Zucker würzen.

4 Die Kalbsschnitzel zwischen 2 Lagen Klarsichtfolie mit einem Messer leicht plattieren.

5 Die Schnitzel salzen, pfeffern und zuerst im Mehl wenden. Überschüssiges Mehl abklopfen.

6 Die Schnitzel dann nacheinander durch das verquirlte Ei ziehen.

7 Zum Schluss das Fleisch im Paniermehl wenden. Die Panade gut andrücken.

8 In einer Pfanne portionsweise 2 EL Öl erhitzen, darin je 2 Schnitzel etwa 2 Minuten braten.

9 Die Schnitzel dann jeweils wenden, 2 EL Butter dazugeben und weitere 2 Minuten braten.

Tipp

Die Schnitzel auf Küchenpapier abtropfen lassen, mit den Zitronenspalten und dem Gurkensalat servieren. Auch Kartoffelsalat passt gut dazu.

Bœuf bourguignon
mit Speck und Pilzen

Zutaten

2 Knoblauchzehen
400 g Schalotten
1 geh. EL Mehl
1–2 EL weiche Butter
2 EL Olivenöl
80 g Frühstücksspeck
800 g Rindfleisch
3 EL Tomatenmark
½ l trockener Rotwein
¼ l Fleischbrühe
Salz · Pfeffer
1 TL getrockneter Thymian
1 Lorbeerblatt
400 g Champignons

Vorbereitung

Den Backofen auf 180 °C vorheizen.

Den Knoblauch schälen und längs halbieren.

Schalotten schälen. Kleine Schalotten ganz lassen, große längs halbieren.

Das Mehl mit der Butter verkneten (= Mehlbutter).

Zubereitung FÜR 4 PERSONEN

1 In einem Bratentopf 2 EL Öl erhitzen.

2 Den Speck quer in feine Streifen schneiden und im Öl knusprig braten.

3 Den Speck herausnehmen und auf Küchenpapier abtropfen lassen.

4 Das Fleisch in Würfel schneiden und im Speckfett portionsweise rundum knusprig anbraten.

5 Alle Fleischwürfel in den Topf geben, Tomatenmark, Wein und Brühe hinzufügen. Salzen und pfeffern.

6 Knoblauch, Thymian und Lorbeerblatt dazugeben, alles zugedeckt im Ofen 1 Stunde schmoren.

7 Schalotten und Mehlbutter unter das Fleisch rühren, alles offen 1 Stunde im Ofen weiterschmoren.

8 Die Champignons putzen und mit Küchenpapier abreiben. Kleine Pilze ganz lassen, große halbieren.

9 Pilze und Speck dazugeben. Das Bœuf bourguignon zugedeckt im Ofen 30 Minuten weitergaren.

Vorbereitung: 10 Minuten
Zubereitung: 25 Minuten
Garzeit: etwa 2 ½ Stunden
Nährwerte pro Person:
670 kcal, 2810 kJ,
55 g EW, 27 g F, 51 g KH

Tipp

Zu Bœuf bourguignon passen breite Bandnudeln wie Tagliatelle. Einfacher und schneller geht's, wenn man die Sauce nur mit frischem Weißbrot auftunkt.

Tafelspitz
mit Bouillonkartoffeln

Zutaten

5 Möhren

¼ Sellerieknolle (300 g)

3 Zwiebeln

2 Lauchstangen · Salz

1 kg Tafelspitz (Rindfleisch aus der Keule)

1 TL schwarze Pfefferkörner

1 kg festkochende Kartoffeln

¾ l Fleischbrühe

½ Meerrettichwurzel

100 g Crème fraîche

125 g Sahne · Pfeffer

3 EL gehackte Petersilie

Vorbereitung

Die Möhren und den Sellerie putzen, schälen und in Stifte schneiden.

Die Zwiebeln schälen und vierteln.

Den Lauch putzen, waschen und klein schneiden.

Zubereitung FÜR 4 PERSONEN

1 2 bis 3 l Wasser mit Salz aufkochen. Fleisch und Pfefferkörner hineingeben, die Hitze reduzieren.

2 Das Fleisch 2 bis 3 Stunden bei kleiner Hitze gar ziehen lassen, dabei öfter den Schaum abschöpfen.

3 Etwa 30 Minuten vor Ende der Garzeit das vorbereitete Gemüse dazugeben.

4 Die Kartoffeln schälen, waschen und würfeln. In ¾ l Tafelspitzbrühe zugedeckt 20 Minuten garen.

5 Kurz bevor das Fleisch gar ist, den Meerrettich schälen, reiben und mit der Crème fraîche verrühren.

6 Die Sahne steif schlagen und unterziehen, die Sauce mit Salz und Pfeffer abschmecken.

7 Beim Tafelspitz die Garprobe machen: Eine Gabel muss ohne Widerstand ins Fleisch gleiten.

8 Den Tafelspitz aus der Brühe heben, kurz ruhen lassen und in Scheiben schneiden.

9 Das Fleisch mit Gemüse, Kartoffeln und Sauce anrichten. Mit der Petersilie bestreut servieren.

Vorbereitung: 15 Minuten
Zubereitung: 1 Stunde
Garzeit: 2 bis 3 Stunden
Nährwerte pro Person:
735 kcal, 3070 kJ,
66 g EW, 27 g F, 54 g KH

Tipp

Wichtig: Den Tafelspitz immer quer zur Faser schneiden – so »verkürzen« sich die Fasern, und das Fleisch ist zarter im Biss.

Schweinefilet
mit Kartoffelrösti

Zutaten

800 g Schweinefilet
6 Frühlingszwiebeln
750 g mehlig kochende Kartoffeln
1 Ei
Salz · Pfeffer
4–5 EL Butterschmalz
2 EL Sonnenblumenöl
200 g Sahne
150 ml Gemüsebrühe
50 g Crème fraîche
1 TL Dijon-Senf

Vorbereitung

Das Fleisch in 2 bis 3 cm dicke Scheiben (Medaillons) schneiden.

Frühlingszwiebeln putzen, waschen und in feine Ringe schneiden.

Den Backofen auf 75 °C vorheizen.

Zubereitung FÜR 4 PERSONEN

1 Die Kartoffeln schälen, waschen und grob reiben. Mit dem Ei mischen, mit Salz und Pfeffer würzen.

2 In einer großen Pfanne portionsweise 1 EL Butterschmalz erhitzen. Der Teig ergibt 12 Rösti.

3 Jeweils 3 EL Kartoffelmasse in die Pfanne geben, flach streichen und 4 Minuten braten.

4 Die Rösti wenden. ½ EL Butterschmalz dazugeben und die Rösti nochmals 4 Minuten braten.

5 Die Rösti auf Küchenpapier abtropfen lassen und im Ofen warm halten.

6 Die Schweinemedaillons im Öl bei großer Hitze rundum anbraten und aus der Pfanne nehmen.

7 Die Frühlingszwiebeln ins Bratfett geben und unter Rühren andünsten.

8 Sahne, Brühe, Crème fraîche und Senf hinzufügen und unterrühren. Alles kurz aufkochen lassen.

9 Die Medaillons 5 Minuten in der Sauce köcheln lassen, salzen und pfeffern. Mit den Rösti servieren.

Vorbereitung: 5 Minuten
Zubereitung: 50 Minuten
Nährwerte pro Person:
715 kcal, 2995 kJ,
52 g EW, 42 g F, 32 g KH

Tipp

Die Frühlingszwiebeln kann man auch mit 50 ml Weißwein ablöschen; dann nur 100 ml Gemüsebrühe verwenden.

Schweinebraten
mit glasierten Möhren

Zutaten

750 g festkochende Kartoffeln
3 Zwiebeln · 7 Möhren
1 kg Schweinenuss
1 EL Dijon-Senf
Salz · Pfeffer · 3 EL Öl
1 EL Tomatenmark
1 l Gemüsebrühe
½ EL getrocknete Kräuter der Provence
1 Lorbeerblatt
2 EL Butterschmalz
2 EL Butter · Zucker

Vorbereitung

Die Kartoffeln in kochendem Wasser etwa 20 Minuten garen. Abgießen, abkühlen lassen und pellen.

Zwiebeln schälen. 1 Zwiebel in Streifen, die restlichen in Würfel schneiden.

Die Möhren putzen und schälen. 3 Möhren in Würfel, den Rest in Stifte schneiden und in kochendem Wasser 4 Minuten bissfest garen.

Vorbereitung: 25 Minuten
Zubereitung: 40 Minuten
Garzeit: etwa 2 Stunden
Nährwerte pro Person:
645 kcal, 2695 kJ,
62 g EW, 25 g F, 40 g KH

Zubereitung FÜR 4 PERSONEN

1 Das Fleisch mit Senf bestreichen und mit Salz und Pfeffer würzen.

2 In einem Topf das Öl erhitzen, das Fleisch darin bei großer Hitze 3 Minuten rundum anbraten.

3 Die Zwiebel- und Möhrenwürfel hinzufügen und kurz mitbraten. Dann die Hitze reduzieren.

4 Tomatenmark, Brühe, Kräuter und Lorbeerblatt hinzufügen. Alles zugedeckt 2 Stunden schmoren.

5 20 Minuten vor Ende der Garzeit des Bratens die gegarten Kartoffeln in Scheiben schneiden.

6 Die Kartoffeln im heißen Butterschmalz 10 Minuten knusprig braten, dabei ab und zu wenden.

7 Die Zwiebelstreifen hinzufügen und kurz mitbraten. Die Bratkartoffeln mit Salz und Pfeffer würzen.

8 Die Butter in einem Topf zerlassen und die Möhrenstreifen darin bei kleiner Hitze glasieren.

9 Die Möhren mit Salz, Pfeffer und 1 Prise Zucker würzen.

10 Das Fleisch aus dem Topf nehmen und in Alufolie gewickelt warm halten.

11 Gemüse und Sauce durch ein feines Sieb in einen Topf streichen.

12 Die Sauce aufkochen und mit Salz und Pfeffer abschmecken.

Schweinefleisch süßsauer
mit Paprika und Ananas

Zutaten

1 große weiße Zwiebel
je 1 rote und gelbe Paprikaschote
400 g Schweinefilet
1 EL Worcestersauce
2 TL Sojasauce
1 1/2 EL Reisessig
2 1/2 EL Tomatenketchup
ca. 5 1/2 EL Zucker
1 Ei · Salz
1 Ananas
3 1/2 EL Speisestärke
4 EL Öl

Vorbereitung

Die Zwiebel schälen, erst längs halbieren, dann quer in Streifen schneiden.

Die Paprikaschoten längs halbieren, entkernen, waschen und in Rauten oder größere Stücke schneiden.

Das Fleisch in dünne Streifen schneiden.

In einer kleinen Schüssel Worcester- und Sojasauce mit Essig, Ketchup und 5 EL Zucker verrühren.

Vorbereitung: 10 Minuten
Zubereitung: 30 Minuten
Nährwerte pro Person:
440 kcal, 1840 kJ,
27 g EW, 14 g F, 48 g KH

Zubereitung FÜR 4 PERSONEN

1 Das Ei mit 4 EL Wasser, 1/2 EL Zucker und Salz verquirlen und das Fleisch darin 10 Minuten marinieren.

2 Die Ananas längs halbieren und das Fruchtfleisch mit einem Messer herauslösen.

3 Den weißlichen Strunk entfernen und 150 g Fruchtfleisch in Stücke schneiden.

4 Das Fleisch aus der Marinade nehmen und in einer Schüssel mit 2 EL Speisestärke mischen.

5 Die Fleischstreifen im Wok in 3 EL Öl unter Rühren rundum anbraten und herausnehmen.

6 1 EL Öl im Wok erhitzen, Zwiebel, Paprika und Ananas darin anbraten und ebenfalls herausnehmen.

7 Die vorbereitete Soja-Ketchup-Sauce in den Wok gießen und einmal aufkochen lassen.

8 1 1/2 EL Stärke in 1/4 l kaltem Wasser glatt rühren, unter die Sauce rühren und aufkochen.

9 Fleisch, Gemüse und Ananasstücke zurück in den Wok geben und kurz in der Sauce erwärmen.

Tipp

Zu diesem Gericht ist Duftreis die ideale Beilage. Der Reis wird zum echten »Eyecatcher«, wenn man ihn in Schälchen aus Bananenblättern füllt.

Lammkeule
mit grünen Bohnen

Zutaten

je ½ Bund Thymian, Rosmarin, Basilikum und Petersilie
3 Knoblauchzehen
½ unbehandelte Zitrone
4 EL Öl
Salz · Pfeffer
2 Msp. Cumin
1 Lammkeule (ca. 1 ½ kg)
500 g grüne Bohnen
2 EL Butter
100 ml trockener Rotwein
1 EL Tomatenmark

Vorbereitung

Den Backofen auf 225 °C vorheizen.

Die Kräuter waschen und trocken schütteln, die Blätter bzw. Nadeln abzupfen und hacken.

Den Knoblauch schälen und hacken.

Zitrone heiß waschen und trocken reiben, 1 TL Schale abreiben.

Zubereitung FÜR 4 PERSONEN

1 Öl, Kräuter, Knoblauch und Zitronenschale mischen. Mit Salz, Pfeffer und Cumin würzen.

2 Das Fleisch leicht salzen und pfeffern, mit der Marinade bestreichen und auf ein tiefes Blech setzen.

3 Auf der 2. Schiene von unten im Ofen 20 Minuten garen. Dann ¼ l Wasser über die Keule gießen.

4 Das Fleisch bei 175 °C 1 ½ Stunden weitergaren, dabei ab und zu mit Bratenfond übergießen.

5 Die Keule aus dem Ofen nehmen, mit Alufolie abdecken und 10 Minuten ruhen lassen.

6 Die Bohnen putzen und waschen. In kochendem Salzwasser etwa 6 Minuten bissfest garen.

7 Die Bohnen in ein Sieb abgießen, kalt abschrecken und abtropfen lassen.

8 In einer Pfanne die Butter zerlassen und die Bohnen darin erwärmen. Mit Salz und Pfeffer würzen.

9 Bratenfond in einem Topf mit Wein und Tomatenmark verrühren. Aufkochen, salzen und pfeffern.

Vorbereitung: 10 Minuten
Zubereitung: 20 Minuten
Garzeit: 2 Stunden
Nährwerte pro Person:
415 kcal, 1730 kJ,
45 g EW, 22 g F, 6 g KH

Tipp

Von der Lammkeule leicht schräg dünne Scheiben herunterschneiden und das Fleisch mit der Bratensauce und den Bohnen servieren.

Desserts
Das Beste zum Schluss

Kein Menü ohne süßes Finale! Ob als krönender Abschluss, leichte Zugabe oder heimlicher Star – ein Dessert macht den Genuss erst richtig komplett. Damit dem süßen Happy End nichts im Weg steht, kommt es allerdings auf die ideale Partnerwahl an: So gut einem das Tiramisu auch geglückt sein mag, nach einem üppigen Braten ist es wohl kaum das Richtige! Da freuen sich die Gäste eher über ein leichtes Joghurt- oder Fruchtdessert. Eine gehaltvolle Creme nach einem leichten Fisch, das passt perfekt! Eis oder Sorbet kommt immer gut an. Und nicht nur Kinderaugen leuchten, wenn duftende Muffins aus dem Ofen geholt werden. Auch rund um den süßen Genuss lassen sich einige Küchengeheimnisse lüften. Kommen Eier z. B. roh zum Einsatz, sollten sie topfrisch sein. Hier schafft ein Test Gewissheit: Ein frisches Ei sinkt nämlich zu Boden, wenn man es in ein Glas Wasser legt. Eischnee wird richtig fest, wenn man Schüssel und Schneebesen gut gekühlt hat. Und Sahne kann nur dann das sprichwörtliche Tüpfelchen auf dem i sein, wenn man sie nicht gleich auf voller Stufe schlägt (sonst wird sie Butter). Wer nicht zu Gelatine greifen möchte, verwendet Agar-Agar, ein Pulver aus Meeresalgen, das eine hervorragende Gelierkraft hat.

Mit Blitzsaucen zum süßen Glück

Keine Zeit, ein aufwendiges Dessert zu zaubern? Kein Problem! Mit diesen Saucen kann man Eis, Obstsalate, frische Früchte oder Fertigpuddings im Handumdrehen in unwiderstehliche »Sweeties« verwandeln. Und auch wenn es keinen kulinarischen Notfall gibt, können diese süßen Saucen viele Desserts auf raffinierte Weise abrunden. Sie sind zudem echte Basics, die man nach Lust und Laune variieren kann – sei es mit Gewürzen oder einem Schuss Alkohol. Falls Sie Vanillemark verwenden, die ausgekratzten Schoten nicht wegwerfen! Wenn man sie mit Zucker in ein verschließbares Glas gibt, ergibt dies herrlich aromatischen Vanillezucker.

VANILLESAUCE
1 Vanilleschote längs aufschneiden und mit einem spitzen Messer das Mark herauskratzen. Das Mark mit 1/4 l Milch und 125 g Sahne aufkochen. 3 Eigelb und 100 g Zucker in einer Metallschüssel schaumig rühren. Die heiße Sahnemilch dazugießen und im heißen Wasserbad mit dem Schneebesen so lange aufschlagen, bis eine schaumige Masse entsteht. Die Vanillesauce schmeckt zu Schokoladenpudding, Obstdesserts und warmen Süßspeisen.

SCHOKOLADENSAUCE
100 g Sahne mit 50 ml Milch, 1 TL Honig, dem Mark von 1/2 Vanilleschote und je 1 Prise Zimt und Kardamom aufkochen und bei kleiner Hitze kurz ziehen lassen. 150 g Zartbitterkuvertüre hacken und in einer Metallschüssel im heißen Wasserbad unter Rühren schmelzen. Vom Herd nehmen und nach und nach die heiße Gewürzsahne unterrühren. Die Schokoladensauce warm oder kalt zu Eis, Pudding, Gebäck oder pochierten Birnen servieren.

BEERENSAUCE
250 g gemischte Beeren (Himbeeren, Erdbeeren Johannisbeeren; frisch oder tiefgekühlt) waschen und verlesen bzw. antauen lassen. Mit dem Stabmixer fein pürieren und nach Belieben durch ein Sieb streichen. 5 EL Zucker mit 3 EL Wasser aufkochen, mit Zitronensaft, etwas abgeriebener unbehandelter Zitronenschale und Grand Marnier aromatisieren und unter die pürierten Beeren mischen. Zu Eis und Cremedesserts ein echter Evergreen!

Kaiserschmarren – zünftiger Hüttenschmaus

Der Klassiker aus Österreich reicht als Nachspeise mit Apfelmus oder Kompott für vier. Serviert man ihn als Hauptgericht, muss man die Zutatenmenge verdoppeln!

Das braucht man:
3 Eigelb · 2 1/2 EL Zucker
Salz · 100 g Sahne
2 EL Speisestärke · 80 g Mehl
50 g Rosinen · 4 Eiweiß
40 g Butterschmalz

1 Eigelbe, Zucker und Salz schaumig rühren, nach und nach Sahne, Stärke, Mehl und Rosinen dazugeben. Die Eiweiße steif schlagen und unterheben.

2 Die Hälfte des Butterschmalzes in einer Pfanne erhitzen. Den Teig in die Pfanne geben und backen, bis die Unterseite leicht gebräunt ist.

3 Wenden und mit zwei Gabeln in Stücke reißen. Das restliche Schmalz dazugeben und unter Rühren kurz braten. Nach Belieben Puderzucker darübersieben.

Marillenknödel – eine runde Sache

Und noch ein Highlight aus der »Mehlspeisenküche«: In Knödeln aus leckerem Quarkteig verbergen sich süße Früchtchen und Würfelzucker, einfach himmlisch!

Das braucht man:
250 g Magerquark · Salz
3 EL Zucker · 2 Eigelb
50 g Zwiebackbrösel
2 EL Mehl · 8 große Aprikosen
8 Stück Würfelzucker

1 Den Quark mit 1 Prise Salz, dem Zucker und dem Eigelb verrühren. Dann nach und nach die Zwiebackbrösel und das Mehl unterrühren.

2 Die Aprikosen waschen, einschneiden und entsteinen. Jeweils mit 1 Stück Würfelzucker füllen und mit einem Achtel des Quarkteigs umhüllen.

3 Knödel in kochendem Salzwasser etwa 10 Minuten bei kleiner Hitze gar ziehen lassen. Abtropfen lassen und nach Belieben mit Zimtbröseln servieren.

Zwetschgenkompott – Klassiker mit Schuss

Kompott mag langweilig klingen. Aber von wegen! Die weinseligen Früchte sind einfach unwiderstehlich: ob pur, zu Crêpes, Waffeln oder Eis.

Das braucht man:
1/2 l Rotwein · 150 g Zucker
1 Zimtstange · 2 Gewürznelken
1 Stück unbehandelte Orangenschale · 1 kg Zwetschgen
4 cl Weinbrand

1 In einem großen Topf Wein, Zucker und Gewürze erhitzen und etwa 5 Minuten kochen lassen. Die Zwetschgen waschen, halbieren und entsteinen.

2 Die halbierten Zwetschgen in den Wein-Gewürz-Sud legen. 6 bis 8 Minuten ziehen lassen und herausheben – die Zwetschgen dürfen nicht zerfallen!

3 Die Gewürze entfernen und den Sud sirupartig einkochen lassen. Mit Weinbrand abschmecken, über die Früchte gießen und erkalten lassen.

Panna cotta
mit Himbeersauce

Zutaten

1 Vanilleschote
500 g Sahne
2 ½ EL Zucker
3 Blatt weiße Gelatine
200 g Himbeeren
(frisch oder tiefgekühlt)

Vorbereitung

4 Timbaleförmchen oder geradwandige Tassen mit kaltem Wasser ausspülen und beiseitestellen.

Zubereitung FÜR 4 PERSONEN

1 Die Vanilleschote mit einem spitzen Messser längs aufschneiden und das Mark herauskratzen.

2 Die Sahne mit Zucker, Vanillemark und -schote bei mittlerer Hitze etwa 8 Minuten köcheln lassen.

3 Inzwischen die Gelatine in einer Schüssel mit kaltem Wasser einweichen.

4 Die Vanilleschote mit dem Schaumlöffel aus der heißen Sahne entfernen.

5 Die Gelatine mit den Händen ausdrücken und in der Vanillesahne unter Rühren auflösen.

6 Die Vanillesahne in die Förmchen gießen und im Kühlschrank etwa 6 Stunden fest werden lassen.

7 Himbeeren verlesen bzw. auftauen. Mit dem Stabmixer pürieren und durch ein feines Sieb streichen.

8 Die fest gewordene Sahnecreme mit einem spitzen Messer vom Förmchenrand lösen.

9 Die Förmchen kurz in heißes Wasser tauchen, die Creme stürzen und mit der Himbeersauce servieren.

Vorbereitung: 2 Minuten
Zubereitung: 25 Minuten
Kühlzeit: etwa 6 Stunden
Nährwerte pro Person:
450 kcal, 1890 kJ,
6 g EW, 40 g F, 16 g KH

Tipp

Man kann die Panna cotta auch mit anderen Fruchtsaucen oder frischen Früchten servieren oder mit etwas Marsala raffiniert aromatisieren.

Marmorierte Mousse
mit zweierlei Schokolade

Zutaten

75 g weiße Schokolade

75 g Zartbitterschokolade

2 EL Öl

je 1 unbehandelte Zitrone und Orange

300 g Sahne

nach Belieben Früchte für die Deko

Vorbereitung

Beide Schokoladensorten in kleine Stücke brechen und jeweils mit 1 EL Öl in eine kleine Metallschüssel geben.

Die Zitrone und Orange heiß waschen, trocken reiben und jeweils 1 TL Schale abreiben.

Zubereitung FÜR 4 PERSONEN

1 Die weiße Schokolade im heißen Wasserbad schmelzen und leicht abkühlen lassen.

2 Die Sahne steif schlagen. Unter eine Hälfte die Zitronen-, unter die andere die Orangenschale rühren.

3 Die abgekühlte, noch flüssige weiße Schokolade auf die Zitronensahne geben.

4 Die Schokolade vorsichtig mit dem Teigschaber unter die Sahne heben. Die Masse kühl stellen.

5 Inzwischen die Zartbitterschokolade im Wasserbad schmelzen und etwas abkühlen lassen.

6 Die abgekühlte, noch flüssige Schokolade auf die Orangensahne geben.

7 Die Schokolade ebenfalls vorsichtig mit dem Teigschaber unter die Sahne heben.

8 Die dunkle Schokoladenmousse auf der weißen verteilen.

9 Eine Gabel vorsichtig von unten nach oben durch die Masse ziehen. Die Mousse 2 Stunden kühlen.

Vorbereitung: 10 Minuten
Zubereitung: 25 Minuten
Kühlzeit: 2 Stunden
Nährwerte pro Person:
645 kcal, 2700 kJ,
62 g EW, 25 g F, 40 g KH

Tipp

Zum Servieren aus der Mousse mit einem Esslöffel Nocken abstechen und mit frischen Früchten oder einer Beerensauce anrichten.

Crêpes
mit Calvados-Äpfeln

Zutaten

Für die Crêpes:
75 g Mehl
Salz · ½ TL Zucker
200 ml Milch · 1 Ei
3–4 EL flüssige Butter
½ TL abgeriebene unbehandelte Zitronenschale

Für die Calvados-Äpfel:
2 rotschalige Äpfel
(z. B. Braeburn)
1 EL Butter
3 EL Zitronensaft
1 EL Zucker
2 EL Calvados
(frz. Apfelbrand)
1 EL Puderzucker
zum Bestäuben

Vorbereitung

Den Backofen auf 75 °C vorheizen.

Vorbereitung: keine
Zubereitung: 30 Minuten
Nährwerte pro Person:
285 kcal, 1195 kJ,
6 g EW, 13 g F, 31 g KH

Zubereitung FÜR 4 PERSONEN

1 Für die Crêpes das Mehl, 1 Prise Salz und den Zucker in eine Schüssel geben.

2 Milch und Ei in einer zweiten Schüssel mit dem Schneebesen verrühren.

3 Die Eiermilch nach und nach zu der Mehlmischung geben und unterrühren.

4 2 EL flüssige Butter und die Zitronenschale unterrühren und den Teig etwa 15 Minuten quellen lassen.

5 Pro Crêpe eine Pfanne dünn mit Butter einfetten und je 1 kleine Schöpfkelle Teig hineingeben.

6 Pfanne sofort schwenken, damit sich der Teig gut verteilt. Die Crêpes jeweils 2 Minuten backen.

7 Dabei mit einer Palette oder einem gekonnten Schwung die Crêpes einmal wenden.

8 Die Crêpes auf einem Teller im Ofen warm halten, bis der gesamte Teig aufgebraucht ist.

9 Die Äpfel waschen, vierteln, entkernen und längs in Spalten schneiden.

10 1 EL Butter zerlassen, Äpfel, Zitronensaft, Zucker und Calvados hinzufügen.

11 Die Apfelspalten bei kleiner Hitze unter Rühren 2 Minuten bissfest garen.

12 Crêpes mit Äpfeln füllen, zusammenfalten, mit Puderzucker bestäuben.

Zitronensorbet
mit marinierten Erdbeeren

Zutaten

3 unbehandelte Zitronen
250 g Erdbeeren
270 g Zucker
4 EL Prosecco

Vorbereitung

Die Zitronen heiß waschen und trocken reiben. Mit dem Zestenreißer 1 EL feine Schalenstreifen abziehen und beiseitestellen.

Zubereitung FÜR 4 PERSONEN

1 Die restliche Zitronenschale abreiben.

2 Die Zitronen halbieren und auspressen.

3 250 g Zucker, Zitronensaft und -schale mit 350 ml Wasser in einen Topf geben und 4 Minuten kochen.

4 Zitronensirup durch ein feines Sieb in eine Schüssel gießen und zugedeckt 5 Stunden tiefkühlen.

5 Die Zitronenmasse dabei jede Stunde einmal kurz durchrühren und zurück ins Tiefkühlfach stellen.

6 Die Erdbeeren waschen, putzen, längs halbieren und mit den Zitronenschalenstreifen mischen.

7 1 EL Zucker untermischen. Die Erdbeeren mit dem Prosecco beträufeln und ziehen lassen.

8 Das fast durchgefrorene Sorbet im Blitzhacker cremig mixen und 1 Stunde tiefkühlen.

9 Das Zitronensorbet zu Kugeln oder Nocken formen und mit den marinierten Erdbeeren servieren.

Vorbereitung: 5 Minuten
Zubereitung: 30 Minuten
Gefrierzeit: 6 Stunden
Nährwerte pro Person:
325 kcal, 1350 kJ,
1 g EW, 0,5 g F, 74 g KH

Tipp

Schneller als im Tiefkühlfach geht's mit einer Eismaschine – hier wird das Fruchtpüree in 30 Minuten zu einem Sorbet gefroren.

Tiramisu
mit Weinbrand

Zutaten

Espressopulver
(für 1 Tasse Espresso)
1 unbehandelte Zitrone
2 EL Weinbrand
150 g Löffelbiskuits
250 g Mascarpone
3 EL Zucker
5 EL Milch
120 g Sahne
1 EL Kakaopulver

Vorbereitung

Den Espresso zubereiten und abkühlen lassen.

Die Zitrone heiß waschen und trocken reiben. Etwa 1 TL Schale möglichst fein abreiben.

Zubereitung FÜR 4 PERSONEN

1 Abgekühlten Espresso und Weinbrand mischen.

2 Die Löffelbiskuits gut mit dem Espresso-Mix beträufeln.

3 Eine rechteckige Form mit der Hälfte der Biskuits auslegen.

4 Mascarpone und Zucker in einer Schüssel mit dem Schneebesen verrühren.

5 Nach und nach die Milch unterrühren, dann die abgeriebene Zitronenschale hinzufügen.

6 Die Sahne steif schlagen und unter die Creme heben.

7 Die Hälfte der Mascarponecreme auf den Löffelbiskuits verteilen.

8 Die restlichen Biskuits auf die Creme legen und den übrigen Espresso-Mix darüberträufeln.

9 Restliche Creme darübergeben, Tiramisu zugedeckt 4 Stunden kühl stellen. Mit Kakaopulver bestäuben.

Vorbereitung: 10 Minuten
Zubereitung: 25 Minuten
Kühlzeit: etwa 4 Stunden
Nährwerte pro Person:
710 kcal, 2980 kJ,
9 g EW, 53 g F, 47 g KH

Tipp

Wem das Tiramisu schlichtweg zu »mächtig« ist, der verwendet nur 125 g Mascarpone und rührt diesen mit 125 g Naturjoghurt glatt.

Muffins
mit Heidelbeeren

Zutaten

200 g Heidelbeeren
2–3 Orangen (davon
1 unbehandelt)
250 g Mehl
1 1/2 TL Backpulver
100 g brauner Zucker
Salz · 1 Ei
6 EL Öl
flüssige Butter für
die Form

Vorbereitung

Die Heidelbeeren verlesen, waschen und auf Küchenpapier abtropfen lassen.

Den Backofen auf 180 °C vorheizen.

Zubereitung FÜR 4 PERSONEN

1 Unbehandelte Orange heiß waschen, trocken reiben und 1/2 EL Schale abreiben.

2 Alle Orangen halbieren und auspressen.

3 Das Mehl in eine Schüssel sieben. Backpulver, Zucker und 1 Prise Salz untermischen.

4 Ei, Öl und abgeriebene Orangenschale mit dem Schneebesen in einer zweiten Schüssel verrühren.

5 Von dem frisch gepressten Orangensaft 1/4 l durch ein Sieb dazugießen.

6 Die Flüssigkeit zu der Mehlmischung geben und mit einem Kochlöffel schnell glatt rühren.

7 Der Teig sollte leicht zäh sein, eventuell noch etwas Orangensaft unterrühren.

8 Heidelbeeren unter den Teig heben. Die Vertiefungen der Muffinform mit flüssiger Butter einfetten.

9 Den Teig auf die Muffinform verteilen. Im Ofen auf der mittleren Schiene etwa 30 Minuten backen.

Vorbereitung: 5 Minuten
Zubereitung: 30 Minuten
Backzeit: 30 Minuten
Nährwerte pro Person:
436 kcal, 1827 kJ,
9 g EW, 9 g F, 79 g KH

Tipp

Den Teig immer nur drei Viertel hoch in die Form füllen. Die Muffins gehen besser auf, wenn man unter das Mehl zusätzlich 1/2 TL Natron mischt.

Rezeptregister

Beerensauce 114
Blitz-Paella mit Cabanossi 74
Bœuf bourguignon mit Speck und Pilzen 102
Brathähnchen 95
Bratkartoffeln 39
Caesar Salad mit knusprigen Croûtons 16
Cannelloni mit Spinat und Ricotta 66
Chicken Wings mit Chilisauce 98
Chili con Carne mit Kidneybohnen 34
Crêpes mit Calvados-Äpfeln 120
Feldsalat mit würzigen Käseecken 14
Fischpfanne mit Möhren und Fenchel 80
Fischröllchen mit Safran und Äpfeln 84
Forelle in Folie mit Kräutern und Tomaten 86
Gefülltes Gemüse mit Couscous und Feta 54
Gemüsebrühe 25
Gemüsecurry mit Kürbis und Kichererbsen 46
Gemüsekuchen mit Schinken und Tomaten 48
Gnocchi mit Salbeibutter 40
Gulasch 95
Hühnerbrühe 25
Insalata caprese mit Basilikum 18
Joghurtsauce 11
Kaiserschmarren 115
Kartoffelgratin 39
Kartoffelpüree 39
Kartoffelsalat mit Hackbällchen 22
Kartoffelsuppe mit Graved Lachs 30
Knoblauchgarnelen mit gebratenen Zucchini 78
Knoblauchhähnchen mit Zitronen und Kartoffeln 96
Kokosmilchsuppe mit Tomaten und Shrimps 32
Kürbissuppe mit Ingwer und Chili 28
Lachskotelett mit Ingwer-Kräuter-Kruste 88
Lammkeule mit grünen Bohnen 112
Lasagne mit Sauce bolognese 64
Linguine mit Basilikumpesto 62
Maki-Sushi in dreierlei Variationen 92
Marillenknödel 115
Marmorierte Mousse mit zweierlei Schokolade 118
Miesmuscheln in Weißweinsud 82
Minestrone mit Makkaroni und Bohnen 36
Muffins mit Heidelbeeren 126
Nudelsalat mit Schafskäse und Oliven 20
Nudelteig 59
Panna cotta mit Himbeersauce 116
Pizza Margherita mit Tomaten und Mozzarella 56
Polentaschnitten mit Spinat und Gorgonzola 52
Pürierte Gemüsebrühe 25
Risotto mit Steinpilzen 72
Rotbarben in Parmaschinken 90
Rucolasalat mit Entenbrust 12
Schokoladensauce 114
Schweinebraten mit glasierten Möhren 108
Schweinefilet mit Kartoffelrösti 106
Schweinefleisch süßsauer mit Paprika und Ananas 110
Spaghetti carbonara mit Speck und Parmesan 68
Spaghetti mit Tomatensauce 60
Spargel mit Sauce hollandaise 50
Spätzle 59
Steaks 95
Tafelspitz mit Bouillonkartoffeln 104
Tiramisu mit Weinbrand 124
Tomatensuppe mit buntem Gemüse 26
Vanillesauce 114
Vinaigrette 11
Wiener Schnitzel mit Gurkensalat 100
Zitronensorbet mit marinierten Erdbeeren 122
Zucchini-Frittata mit Joghurtsauce 42
Zwetschgenkompott 115

Impressum

© Verlag Zabert Sandmann GmbH, München
1. Auflage 2009
ISBN 978-3-89883-236-6

Grafische Gestaltung: Georg Feigl, Barbara Markwitz
Rezepte: ZS-Team
Redaktion: Kathrin Ullerich
Herstellung: Karin Mayer, Peter Karg-Cordes
Lithografie: Christine Rühmer
Druck & Bindung in Italien

Bildnachweis

Umschlagfotos: Martina Görlach (Vorderseite); Walter Cimbal (Rückseite, Stepfotos), StockFood/Susie Eising (Rückseite, Rezeptfoto)

Rezeptfotos: Susie Eising
Stepfotos: Walter Cimbal, außer:
Andrea Kramp & Bernd Gölling: 77 (Mitte); StockFood/Klaus Arras: 2–3; StockFood/Harry Bischof: 102 (Step 8); StockFood/Michael Brauner: 11 (unten rechts); StockFood/Walter Cimbal: 8 (Mitte links und rechts); StockFood/Crystal Cartier: 7 (2. von unten links); StockFood/FoodPhotography Eising: 1, 4–5, 7 (1. von unten links), 8 (1. von oben rechts), 12 (Step 5), 38, 77 (unten), 94 (rechts); StockFood/Susie Eising: 8 (1. von unten links und rechts), 9 (unten), 10, 11 (oben und Mitte), 24 (links), 25 (Mitte und unten), 39 (Mitte), 45 (oben und unten), 59 (oben und Mitte), 71 (oben), 76, 77 (oben), 95, 115; StockFood/S. & P. Eising: 7 (2. von oben links, rechts), 8 (1. von oben links), 11 (unten Mitte), 24 (Mitte und rechts), 25 (oben), 39 (oben und unten), 58 (links), 59 (unten), 70, 71 (Mitte und unten); StockFood/Foodcollection: 7 (1. von oben links), 94 (links); StockFood/Joff Lee: 6 (rechts); StockFood/Karl Newedel: 58 (Mitte); StockFood/Michael Paul: 114; StockFood/Walter Pfisterer: 58 (rechts); StockFood/Klaus Stemmler: 6 (links); StockFood/Studio Adna: 7 (Mitte); StockFood/Teubner Foodfoto: 94 (Mitte)